Marion Daghan-Malenky

Der Schlüßel zur Liebe

Das Buch, das dir den Weg zur Liebe weist.

Impressum:

Alle Rechte vorbehalten
Copyright © 2021 Marion Daghan-Malenky
Verlag: BoD · Books on Demand GmbH,
Überseering 33, 22297 Hamburg, bod@bod.de
Druck: Libri Plureos GmbH, Friedensallee 273,
22763 Hamburg
ISBN: 978-3-7693-7756-9

Inhaltsverzeichnis

I

VORWORT

Dieses Buch wurde von mir geschrieben, um den Lesern Mut zu machen und sie dazu zu inspirieren, nie aufzugeben. Meine, oft sehr persönliche, Erfahrung hat mir Lösungen gezeigt, die ich hier gerne an sie weitergeben möchte. Euch allen möchte ich mitteilen: Ihr seid nicht allein in eurem Schmerz! Fühlt euch umarmt in

Liebe!

Während dieses Buch von mir verfasst wurde, kamen sehr viele Erinnerungen in mir hoch, tiefe Trauer, aber auch große Freude erfassten mich immer wieder beim Niederschreiben dieser Zeilen. Ich wünsche mir, dass die Leser dieses Buches sich selbst in meiner Geschichte erkennen können. Ich will sie einladen, ihre eigene Geschichte liebevollbetrachten zu können und ich will sie einladen, selbst entscheiden zu können, wie ihre Geschichte weitergehen soll.

Ich habe mich, der besseren Lesbarkeit willen, für die, noch übliche, männliche Anrede entschieden, doch natürlich spreche ich alle Menschen gleichermaßen damit an.

Ich möchte mich ganz besonders bei meinem Verleger, Christian, bedanken, der immer ein offenes Ohr für meine Anliegen hatte. Er hat mich stets motiviert und seine konstruktive Kritik war mir eine große Hilfe.

Mein Dank gilt auch meiner Lektorin Katharina Hermine Lesch, die in vielen Stunden meine

Texte überarbeitet und korrigiert hat. Ihr warmherziger und wohlwollender Blick hat dem Buch sehr gutgetan.

Zum Schluss, und ganz besonders, danke ich aber meinem Gatten, Partner und Gefährten, Pavol Malenky, der mich stets auf meinen Wegen unterstützt und der unerschütterlich an meiner Seite steht.

Ihre Marion Daghan-Malenky

ERFAHRUNGENINDERMAGIE

Ich habe meine Erfahrungen als Magierin auf der ganzen Welt gesammelt:

In Afrika, Südamerika bei Voodoo Meistern und in Europa bei verschiedenen Magiern. Seit über 40 Jahren versuche ich, mein Wissen weiterzugeben. Deswegen biete ich Meditations-Kurse, Tarotkarten-Seminare wie auch Seminare der weißen Magie und Voodoo an. Solche Seminare geben die richtigen Informationen, wie man mit seinem Inneren arbeitet, um in der weißen Magie Erfolge zu erzielen. Natürlich muss jeder danach üben, probieren und eigene

Erfahrungen sammeln. Es ist in der weißen

Magie wichtig, gewisse Rituale genauso zu machen, wie es die Meister vor vielen Jahrtausenden gemacht

12

haben und man muss akribisch auf jedes Wort und jede Fingerposition achten. In anderen Dingen hat man wiederum viel Freiraum, sodass man seinen eigenen Stil finden kann.

Die Erfahrung hat gezeigt, dass es wichtig ist, ein magisches Tagebuch zu führen, in welches man seine Erfolge, Misserfolge, Träume und Wünsche festhält. So ein Tagebuch ist wichtig, um später beurteilen zu können, was ein Traum wirklich bedeutet hat, welche Rituale der weißen Magie oder des Voodoo erfolgreich waren und welche nicht, warum und wie kann man sie verbessern kann oder muss. Praktische Erfahrungen mit Magie und Meditation sind genauso wichtig wie Theorie und Führung vom Meister. Auch wenn man schwimmen lernen möchte, ist es nicht genug, ein paar Bücher zu lesen oder mit jemanden zu sprechen, der schwimmen kann. Man muss es selbst probieren und am besten lernt man unter der Führung von jemandem, der es gut kann.

Ich machte so meine Erfahrungen mit Menschen, die versucht haben einen Zauber zu wirken, aber dieser Zauber aufgrund der Missachtung der Analogie Gesetze nicht funktioniert hat.

Nehmen wir zum Beispiel einen Liebeszauber:

Eine Person möchte einen Liebeszauber durchführen, hat die Anleitung, wie man vorzugehen hat bei diesem Zauber. Man benötigt dafür Kerzen in bestimmten Farben (diese sind vorgegeben! Liebe entspricht Venus und somit der grünen Farbe) aber diese Person hat keine Lust sich diese Kerzen noch zu besorgen und nimmt stattdessen einfach die Kerzen, die gerade da sind - in den falschen Farben! So kann der Zauber nicht richtig zum Erfolg führen und genauso ist es, wenn die Analogie-Gesetze nicht eingehalten wurden!

Des Weiteren habe ich Menschen erlebt, die einfach nur zum Spaß und aus Neugier, versucht haben Magie oder Rituale zu benutzen! Wenn man versucht eine Gottheit anzurufen, aber nicht so richtig an diese Gottheit oder an das was man erreichen möchte, glauben kann, dann kann es passieren, dass diese Gottheit ziemlich sauer darüber sein wird! Wenn man nicht die Hingabe zu dieser Gottheit hat und auch nicht mit ganzem Herzen an sie glaubt, kann es sein, dass dieser Person durch den Zorn der Gottheit, viele schlechte Dinge passieren! Nur wer aus seinem ganzen Geist, mit Herz und Hingabe an diese Gottheit glaubt, die angerufen werden soll, dem wird sich die Gottheit manifestieren!

Ich habe auch erfahren müssen, dass viele Personen die einen Schutzkreis aufbauen wollen, Fehler machen, indem sie sich überhaupt nicht richtig auf diesen Kreis und dessen Schutz konzentrieren, sondern sich schlicht und einfach ablenken lassen und nicht bei der Sache sind. Der Schutzkreis wird in der Regel mit Salz oder Kreide gezogen und dieser bewirkt, dass schlechte oder böse Energien, die der Person Schaden zufügen könnten, draußen bleiben! Doch während man diesen Schutzkreis aufbaut, muss all die Konzentration, die man aufbringen kann, in diesen Kreis fließen! Nichts und Niemand darf einen stören oder ablenken!

Ich habe auch erfahren, wie es ist, wenn man die Höflichkeit zu den Geistern verloren hat. Der Fehler liegt darin, dass manche Menschen meinen, sie wären ein Magier und können alles erzwingen was in ihrer Macht steht, denn sie besitzen ja die Macht des magischen Schwertes und/oder ihres Stabes! Wenn man einem Geist entgegentritt und sofort versucht ihn mit dem Schwert oder dem Stab zu peinigen, um seine Macht zu demonstrieren, dem wird daraus nicht viel Erfolg fließen. Es wird eher das Gegenteil für diese Person eintreten! Der Geist wird zornig werden und dieser Person Schaden bringen! Selbst wenn man einem bösen Geist begegnet, sollte der Stab oder das Schwert nur im Notfall zum Einsatz kommen! Die Geister kann man mit einer höflichen Art und Vorgehensweise schon besänftigen, denn man sollte nicht vergessen, dass man ja schließlich etwas von ihnen verlangen möchte.

Auch habe ich Menschen kennengelernt, die Ihre Seele verkaufen wollen, weil sie mit ihrem Leben nicht zurechtgekommen! Doch daran ist kein Geist interessiert! Jemand der sich anbietet, aber Zweifel an sich selbst hegt und auch sonst nichts auf die Reihe bekommt, ist vollkommen uninteressant! Sogar Luzifer würde eine solche Seele nicht interessieren. Geister brauchen Menschen, die hoch entwickelt sind, die Kraft haben, Weisheit besitzen und einen starken

15

Glauben haben! Somit ziehen die Geister ihren Nutzen aus solchen Menschen, die starke Persönlichkeiten sind!

„Magie ist ein Lebensstil"

Magie fängt da an, wo man erkennt, dass alles Bewusstsein und Energie ist. Daraus folgt, dass auch im Leben des Magiers alles wichtig ist. Nicht nur die Gedanken, auch das Lachen, die Ernährung, das Geld, die Liebe, Weiterentwicklung... Wenn ein Adept sich nur auf das Ritual konzentriert, ist das zu wenig! Wie lebe ich? Bin ich im Einklang mit mir selbst? Weiß ich, warum ich gewisse Neigungen oder Wünsche habe? Mache ich Aktionen, die mein Vorhaben unterstützen, oder gehe ich in der „Freizeit" in den Biergarten und schaue fern? Warum habe ich gewisse Krankheiten? Warum habe ich die Freunde, die ich habe? Jeder macht zu mindestens 50 %, dass, was seine Umgebung von ihm erwartet. Was machen deine Freunde in der Freizeit? Lernen oder Drogen nehmen? Bier trinken oder Fitnesszentrum besuchen? Bei einem Ritual ist es wichtig sich nicht nur auf ein positives Ergebnis zu konzentrieren, die richtige Zeit und die richtigen Mittel für das Ritual zu finden, sondern danach auch eine entsprechende Aktion durchzuführen! Will ich mehr Geld, dann muss ich was lernen, eine neue Arbeitsstelle suchen, sich beruflich weiterentwickeln... Will ich meine Liebe zurückgewinnen? Ein Ritual hilft beim Neuanfang, was aber kommt danach? Habe ich verstanden, warum die Beziehung in Brüche gegangen ist und habe ich etwas Tiefgreifendes unternommen, damit sich das nicht wiederholt? Warum agiere ich, wie ich agiere… und da fängt die Arbeit an sich selbst und dem eigenen Lebensstil an. Das ist die Erfahrung die ich nicht nur bei mir selbst sondern auch bei meinen Schülern und Klienten beobachtet habe.

ZUM GELEIT

Marion Daghan-Malenky hat schon tausenden Menschen geholfen, ihren eigenen Weg zu finden und zu beschreiten. In ihrem Buch „Schlüssel zur Liebe" lädt sie dazu ein, in einer Welt voller Ablenkung und sogenannten Heilversprechen, Eigenverantwortung zu übernehmen – und diese über das materielle Sein hinaus. Wir sind keine Spielbälle irgendeiner übergeordneten Macht, sondern Schöpfer unserer eigenen Realität.

Dies bedenkend, und doch voller Achtung und Respekt der spirituellen Welt gegenüber, zeigt die Autorin neue und uralte Wege der Heilung auf. Zu Beginn des Buches öffnet sich die vielgereiste Magierin fast völlig, legt ihre Hüllen ab und zeigt sich in all ihrer Verletzlichkeit und Stärke. Ihre Geschichte berührt zutiefst und lädt den Leser und die Leserin dazu ein, sich selbst auch in seiner und ihrer eigenen Verletzlichkeit und Stärke wiederzuerkennen.

Diese Einladung ist der Auftakt zu einer Reise in Klarheit und Magie.
Denn entgegen mancher Meinungen schließen sich diese nicht nur nicht aus, nein, sie bedingen einander.

Katharina Hermine Lesch

Kapitel 1

LEBENSGESCHICHTE

Marion Daghan-Malenky über sich selbst,
ihre Kindheit und ihre Erfahrungen...

Sicher fällt es nicht allen leicht sich meinen Leitspruch zu eigen zu machen, das ist mir klar, aber er soll ihnen, ein klein wenig Anstoß geben und Kraft. Die Erinnerung meines Erdendaseins begann so ab meinem sechsten Lebensjahr.

In dieser Zeit verbrachte ich die meisten Wochen bei meinen Großeltern, die sich liebevoll um mich kümmerten. So fuhren wir mit dem Mofa meines Großvaters an den Wochenenden und in den Ferien, sehr oft an den Diemelsee.

Dort hatten sie ein Zelt und ich fühlte mich so aufgehoben und geliebt, wie anschließend niemals wieder. Meine Großmutter zeigte mir oft bunte Karten, und versuchte mir die Zeichnungen im Spiel zu erklären. Mein Großvater ging mit mir Pflanzen sammeln, und sagte immer, Kind, das wird fein schmecken. Mit meinen sechs Jahren war es mehr ein Spiel für mich. Aber sehr interessant kurz danach begann die Schulzeit, und die Hänseleien der Mitschüler begannen, aufgrund meines südlichen

Aussehens waren Worte wie Kanake und schwarze Hexe noch die harmlosesten.

Doch mit der Zeit bekommt man dafür eine breite Schulter und lernt sich dagegen zu wehren. Meine leibliche Mutter holte mich nur zu sich wie es ihr gerade passte, und ihre Abneigung mir gegenüber ließ sie mich deutlich spüren. Eine liebevolle Umarmung, die ich mir so sehnlichst wünschte, habe ich von ihr erst ab dem 55 Lebensjahr erfahren, aber dazu kommen wir später.

Sie lebte zu dieser Zeit mit meinem ersten Stiefvater zusammen. Sie selbst arbeitete
damals noch in einem Warenhaus. Meine Mutter hat sich wohl nie gefragt, warum ich panische Angst hatte, wenn sie fortging, und sie oft gebeten habe da zu bleiben. Ihre einzigen Worte waren: „Du Schlampe stell dich nicht so an!" doch nach dem warum und wieso hat sie nie gefragt. Als dieser Mann dann 1969 verstarb war es für mich wie eine Befreiung, und manche glaubten wohl ich sei durchgedreht, da ich auf dessen Beerdigung tanzte. Doch an diesem Tag war meine Seele für mich frei, so glaubte ich. Und immer mehr wurden in mir die Gefühle für das Spirituelle größer, meine Träume drehten sich oft um diese Themen und Ahnungen verschiedener Art, wurden bei vielen Menschen oft Wirklichkeit. Ich selbst erschrak sehr oft vor diesen Dingen, konnte sie mir nicht erklären, und so wurde ich immer mehr zu einer Außenseiterin. Aber ich wollte auch irgendwo hingehören, ich wollte Liebe und Wärme spüren,

mein Herz sehnte sich danach, und manchmal glaubte ich, dass diese Dinge mir nicht zustanden, da ich ein nicht lebenswerter Mensch sei. Und eines bewegte auch mein Innerstes. Wer war mein Vater? Wenn ich meine Mutter fragte, bekam ich nur ein Abwinken.

Kurz danach lernte meine Mutter meinen zweiten Stiefvater kennen, und wir zogen auf ein Dorf, wo sie ein kleines Bauernhaus kauften. Aber auch er war ein sehr trunksüchtiger und gewalttätiger Mensch. Schläge und Demütigungen waren an der Tagesordnung, die Hölle für uns ging weiter, inzwischen waren wir insgesamt sieben Kinder, die sich nicht trauten, irgendetwas zusagen, oder Wünsche zu äußern, denn sollte der Stiefvater schon genug getrunken haben gab es wieder Schläge, die Angst regierte unseren Alltag.

An den Wochenenden waren meine Mutter und ihr Mann oft unterwegs zum Feiern, denn sie waren der Meinung, dass ich groß genug war, um auf meine Geschwister aufpassen zu können. Aber sie waren doch noch so klein, und ich auch erst 15 Jahre alt, und so versuchte ich alles um sie zu schützen und zu verpflegen. Meine Tränen hat in dieser Zeit niemand gesehen, oder sehen wollen, und ich fühlte mich noch einsamer als vorher.

In dieser Zeit habe ich mich an meine früheren Leben erinnert. Genauso habe ich meine erste erfolgreiche Astralreise bewerkstelligt. So hat mein Weg als Magierin und Wahrsagerin begonnen. Durch Leiden und Schicksalsschläge wurde mein Geist und Seele trainiert und ich wurde dadurch stärker.

„Es gibt immer einen Weg ins Licht.
Es gibt für jedes Problem eine Lösung!"

In dieser Zeit hatte ich bereits eine Lehre im Büro begonnen und die dortige Chefsekretärin schenkte mir oft Bekleidung, da ich nicht viel besaß. Ich tat ihr sehr leid, da ich morgens im Büro meine Körperpflege vollzog, denn zuhause hatten wir nur einen sogenannten Donnerbalken (Toilette), dort konnte man sich nicht gut pflegen und ich schämte mich sehr. Wenn der Feierabend kam musste ich oft 20KM zu Fuß nach Hause laufen, bei Eis und Schnee durch ein Waldgebiet. Mein Stiefvater arbeitete zwar ca. 5KM von meiner Arbeitsstelle entfernt, aber da ich es einfach nicht schaffen konnte pünktlich bei ihm zu sein, verlangten sie immer das ich laufen sollte. Und ich tat es sehr oft.

An einem dieser Tage als ich schon ein ganzes Stück gelaufen war, hielt ein Auto neben mir, und ein junger Mann aus dem Nachbardorf nahm mich mit bis vor unserer Haustür. Als meine Eltern sahen, wie ich aus einem Auto stieg, kamen sie wutentbrannt zur Haustür gelaufen beschimpften mich auf das Übelste, mein Stiefvater schlug immer wieder auf mich ein, nahm meinen Kopf und schlug ihn an den Türrahmen. Ich blutete aus der Nase und das Blut tropfte auf meine Bluse. Seine Worte waren: Mit diesen Sachen wirst du morgen zur Arbeit gehen, damit alle sehen was du für eine Schlampe bist. Ich kann nicht beschreiben, wie es in diesem Moment in mir aussah, mein Herz fühlte sich leer an. Meine Mutter sagte zu all dem kein einziges Wort. Und so ging ich mit diesem blutverschmierten Bekleidungsstück am anderen Tag zur Arbeit. Das Entsetzen dort war nach meinem Erscheinen riesig groß, man versuchte mich zu trösten nahm mich in den Arm, aber konnte dies den Schmerz mir nehmen? Nein das konnte es nicht. Die Sekretärin fuhr sofort zu sich nach Hause und holte mir frische Bekleidung, dann rief sie beim Jugendamt an und wieder nahm mein Leben eine schicksalhafte Wendung.

Nun kam das nächste Wochenende, ich hatte wie immer meine Geschwister zu versorgen, und auf einmal klingelte es an unserer Haustür. Ich öffnete und zwei Personen des Jugendamtes standen vor der Tür, als sie sahen, wie ich dort mit den Kleinen allein war, und meine Eltern erst am nächsten Tag kommen wollten, sagten sie, wir werden dir sofort ein Zimmer organisieren in einem Mädchenwohnheim, wenn deine Mutter da ist werden wir mit ihr alles besprechen. Obwohl mir um mein Herz leichter wurde, war mir nicht ganz wohl, denn ich musste meine Kleinen zurücklassen und für mich begann eine ungewisse Zukunft. Doch irgendwie spürte ich, dass dies alles einen Sinn hatte, nur welchen das konnte ich zu diesem Zeitpunkt noch nicht wissen, geschweige denn ahnen. Dann kam das Gespräch zwischen dem Jugendamt und meiner Mutter. Sie hatte keine andere Möglichkeit als sich einverstanden zu erklären und sprach ab diesem Tag kein einziges Wort mehr mit mir. Sie packte am darauffolgenden Tag meine Sachen in einen kleinen Koffer, fuhr mich zu diesem Heim, stellte meine Sachen in den Flur drehte sich herum und ging, ohne noch ein Wort zu sagen fort. Nun war ich auf mich allein gestellt, so glaubte ich. Furchtbare Angst beschlich mich, niemand nahm mich in den Arm und sagte, alles nur ein böser Traum Marion. Nein es war kein Traum, sondern bittere Realität.

Ich bekam ein Zimmer, dass ich mir mit einem anderen Mädchen teilte, die Heimbetreuerin war sehr nett und kümmerte sich sehr um mich. So verliefen meine Tage ohne die innere Angst was wohl abends kommen mag. Vier Wochen später folgte dann die Nachricht, dass unsere Firma schließen muss da der Senior Chef verstarb, und so war ich auf der Suche nach neuer Arbeit.

Ich stellte mich in einem Drogeriemarkt vor, doch genau an diesem Morgen war noch ein anderes Mädchen zum Vorstellungsgespräch und sie kam vor mir. Für mich war damit auch schon alles vorbei denn, so glaubte ich, wer will schon jemand aus einem Heim einstellen. Als ich dann an der Reihe war und mein Anliegen vorgebracht hatte, war es plötzlich als ginge der Himmel auf, denn die Chefin sagte mir ganz freundlich, dass sie mich gern einstellen würde, später einmal erklärte sie mir, du sahst in diesem Moment so unglaublich traurig aus, ich konnte gar

24

nicht anders als dich zu nehmen. Und es entwickelte sich eine sehr schöne Freundschaft zwischen uns. Sie half mir, wo sie nur konnte, auch die andere Mitarbeiterin gehörte nun zu meinem neuen Freundeskreis. Oft nach Feierabend legte ich ihnen die Karten, da es sie total interessierte, warum ich die Dinge so genau beschreiben konnte. So tat ich dies auch oft für die anderen Mädchen im Heim. Doch schon seit Tagen plagten mich Albträume, Bilder entstanden in meinem Kopf. Vorahnungen die mir Angst machten. Was kommt auf mich zu? Warum? Muss ich dies alles ertragen? Fragen über Fragen doch keine Antwort. Und ich vermisste meine Großeltern so sehr, denn sie meldeten sich, seit ich im Heim war, nicht mehr. Was war passiert? Also entschloss ich mich selbst bei ihnen anzurufen. Ich hatte zwar große Angst, dass sie mich jetzt auch ablehnen würden, aber meine Sorgen sollten absolut unbegründet sein, aber dazu kommen wir gleich. Mit meiner Zimmergenossin ging ich oft am Wochenende in eine Diskothek ganz in der Nähe, dort konnten wir für kurze Zeit unsere Probleme vergessen und einfach Spaß haben. An einem dieser Abende begann mein nächster schwerer Lebensabschnitt. Die Zimmergenossin und ich saßen in einer Nische und feierten meinen 16. Geburtstag. Uns gegenüber saßen mehrere Soldaten aus einer nahen Kaserne, diese beobachteten uns und einer von ihnen stand dann auf, und näherte sich mir. Er stellte sich neben mich und fragte höflich, ob ich mit ihm tanzen würde.

Jugend, Hochzeit und die Begegnung mit dem Tod

Plötzlich erschien mir in einem Traum ein großer schmaler Greis mit grauen Haaren, doch sein Gesicht strahlte so viel Liebe und Güte aus, seine Worte waren voller Liebe. Wovor hast du Angst Anuri?

Deine Bestimmung ist es dieser Seele Liebe zu geben, denn ihre Zeit läuft sehr schnell ab, dein Weg beginnt, er wird dich oft Zweifeln lassen, dieser Weg, aber was auch passiert, es wird alles gut. Lasse dich führen. Ich erwachte schweißgebadet, mein Herz klopfte, ich war mir nicht sicher, hatte ich dies geträumt? Oder wirklich erlebt? Was geschah gerade mit mir. War ich verrückt wie viele glaubten?

War es das Übersinnliche was in mir lebte? Am nächsten Morgen erzählte ich meiner Zimmergenossin von meinem Traum, sie hörte mir nur still zu und meinte, Marion ich habe gewusst das etwas an dir anders ist, lasse es einfach zu und glaube an dich. Du, ich habe einen Onkel, der in Brasilien lebt, sagte meine Freundin, vielleicht können wir im Urlaub dort mal hin! Und so planten wir vielleicht diese Reise verwirklichen zu können, dass aber in einem späteren Kapitel. Am Abend machten wir uns auf den Weg in das Tanzlokal, um den Jungen dort zu treffen, meine Freundin begleitete mich. Als wir kurz vor der Tür waren überkam mich plötzlich wieder diese Angst, ich fing an Magenschmerzen zu bekommen, meine Freundin sagte, was ist los Marion geh doch einfach hinein. Aber ich hatte das Gefühl, dass diese Begegnung mit mir, nicht das Richtige für den Jungen wäre. War ich stark, konnte ich ihm die Liebe geben? Die Liebe, die auch ich mir wünschte, die unseren Seelen Frieden geben würde? Die Liebe, die auch ich mir ersehnte, denn tief in mir wusste ich, dass es jemanden gab für mich, der mich nur finden musste, war er es? Also stellte ich mich unserer ersten Begegnung, so begannen unsere beiden Schicksale. Wir sahen uns fast täglich, in dieser Zeit hatte ich auch den Mut gefunden meine Oma anzurufen, denn ich glaubte, dass sie nichts mehr mit mir zu tun haben wollte, was mich sehr belastete.

Aber Erwin, der Junge, sagte immer melde dich doch einfach bei deinen Großeltern hab Mut. Und so tat ich dies. Als meine Großmutter den Hörer abnahm und anfing zu weinen, war mir warm ums Herz, ich war froh diesen Schritt getan zu haben. Sie sagte: Ach Kind wir haben uns solche Sorgen um dich gemacht, deine Mutter hat uns nicht sagen wollen, wo du bist und so haben wir jeden Abend gebetet und jetzt meldest du dich. Wie glücklich wir sind. Wir besprachen dann uns bald zu treffen, denn vorher wollte ich ja noch mit meiner Freundin nach Brasilien.

Von diesem Tag an holte sie uns jedes Wochenende zu sich und wir waren dann wie eine richtige kleine Familie, es war eine wunderschöne Zeit. Sie kochte für uns, wir gingen zusammen spazieren und sie lehrte mich weiter sehr viele Dinge aus der Natur.

Inzwischen wusste ich, warum dieser Weg für mich auf dieser Welt so begann, denn ich musste den Schmerz spüren, die Angst und Hoffnungslosigkeit und das Loslassen erlernen. Damit ich es den Menschen nachempfinden konnte, die meinen Weg kreuzen würden. Ein paar Tage später als ich mich in meiner Arbeit befand, bekam ich starke Rückenschmerzen und meine damalige Chefin meinte freudestrahlend: Schatz, du bist sicher schwanger, komm ich bringe dich zu meinem Frauenarzt, der ist sehr nett. In diesem Moment setzte fast mein Herzschlag aus, ich und schwanger, wir waren noch nicht einmal verheiratet, wie sollte ich das meinem Vormund erklären, den ich seit dem Auszug von zu Hause bekommen hatte. Und, und, und… tausend Fragen. In den nächsten Tagen machte dann zunächst meine Chefin den Termin beim Frauenarzt dort bestätigte sich der Verdacht, ich war tatsächlich schwanger. Erwin freute sich riesig und erzählte es sofort seinen Eltern, die mich natürlich kennenlernen wollten. Nachdem wir mit meinem Vormund nun auch gesprochen hatten, der mir sagte: Marion, deine Mutter hat noch immer das Sorgerecht, dass bedeutet du bist noch keine achtzehn, sie müsste zur Heirat ihr Einverständnis geben, aber das wird sie, denn du bekommst ein Kind.

Und so mussten wir nach Monaten den Kontakt wieder aufnehmen. Ich wehrte mich sehr dagegen und Erwin, dem ich bis dato kaum etwas aus meinem Leben erzählt hatte, erfuhr nun alles. Er hörte sich die Erzählung schweigend und weinend an, zum Schluss nahm er mich in den Arm und sagte, Marion wir werden alles schaffen jetzt weiß ich auch, warum du so viel Traurigkeit in deinen Augen hast, doch glaube mir, du bist die Liebe meines Lebens, ich werde immer für dich da sein, jetzt und in alle Ewigkeit. Ich sah ihn schweigend an, dann nahm ich sein Gesicht zwischen meine Hände und fragte: Was, Erwin, wünscht du dir für ein Kind? Er sagte: Zwei Mädchen, Marion, denn die kann man so süß anziehen. In meinem Herzen breitete sich in diesem Moment Liebe aus, Liebe, die voller Zukunftsmusik klang. Nach diesem Gespräch besprachen wir die Hochzeit mit meinen Großeltern, meine Oma nahm den Kontakt zu meiner Mutter auf und klärte dies für mich so geschickt, in dem sie einfach zu meiner Mutter sagte: So, Marion ist nun schwanger und du gibst jetzt deine Zustimmung, basta. Es blieb ihr nichts anderes übrig als zuzustimmen. Unser erstes Aufeinandertreffen geschah dann auch im Hause meiner Oma. Ich hatte, verständlicher Weise, große Angst, doch auch dort übernahm meine Großmutter das Kommando und ließ erst gar nicht zu, dass unangenehme Gespräche geführt wurden.

Die Hochzeit wurde geplant, natürlich von meiner Mutter, sie bestimmte alles wo, wie, wann. Doch vorher stand noch der Besuch bei meinen angehenden Schwiegereltern an, ich schämte mich sehr. Konnten sie ein Mädchen für ihren Sohn akzeptieren, das aus einem Heim kam? Das nichts hatte außer die Liebe zu ihrem Sohn? Der schließlich aus gutem Haus war.

Erwin war römisch-katholisch erzogen worden. In mir herrschte ein Chaos an Gefühlen. Und dann an einem Wochenende fuhren wir nun gemeinsam mit meiner Mutter und ihrem Mann zu Erwins Eltern. Wir fuhren vor dem Haus vor und stiegen aus, doch bevor Erwin die Haustür erreicht hatte, wurde sie geöffnet und ein kleiner schmaler Mann kam freudestrahlend die Treppe heruntergelaufen, direkt auf mich zu, nahm mich in den Arm drückte mich ganz fest und sagte: Wenn mein Sohn dich liebt, musst du ein gutes Herz haben. Auch meine zukünftige Schwiegermutter kam nun die Treppe herunter und umarmte mich liebevoll. All meine Ängste wurden mit einem Schlag fortgewischt, ich war zuhause angekommen wurde geliebt, sie behandelten mich vom ersten Moment an, wie ihr eigenes Kind. Ich schwor mir, Ihnen dies ewig zu danken. Der Tag unserer Hochzeit sollte der schönste in meinem Leben werden. Der Gang zur Kirche war wohl der emotionalste Moment in meinem Leben, ich war noch so jung voller Zuversicht, Liebe und Hoffnung hatte endlich Menschen um mich herum die mich liebten, mir eine Familie gab, die ich mir so sehr wünschte. Nach unserer Hochzeit wollte Erwin so schnell wie möglich beim
Militär etwas erreichen und ging sehr oft zur Weiterbildung. In dieser Zeit wurde unsere erste Tochter geboren, er liebte sie sehr und kümmerte sich liebevoll um sie, wenn er zuhause war. Bei Weiterbildungen schliefen seine Eltern meistens bei uns, meine Schwiegermutter war mir eine liebevolle

Lehrmeisterin was Kinderbetreuung und Haushaltsführung betraf, es schien alles so perfekt zu sein, völlig normal, ich hatte Kindheitsfreundinnen wiedergefunden, die uns gegenüber wohnten und so trafen wir uns oft und unternahmen etwas zusammen.

Als unsere erste Tochter ein Jahr alt war, fingen plötzlich wieder meine Träume an. Angst und Traurigkeit nahmen immer mehr von mir Besitz. Nach einem Besuch bei meinem Frauenarzt erfuhr ich, dass ich wieder schwanger war und meine Gefühlswelt sicher durch Hormonschwankungen verursacht wurden. Als ich Erwin erzählte, dass wir wieder ein Kind bekämen, konnte man seine Freude darüber nicht in Worte fassen. All seine Wünsche so sagte er, würden sich erfüllen, als wir dann auch noch erfuhren das es ein weiteres Mädchen würde, schien das Glück nicht enden zu wollen. Er fuhr weiter auf Fortbildungslehrgänge und so erwarteten wir den Tag der Geburt. Als ich an diesem Tag in die Klinik kam war nichts wie sonst. So viele furchtbare Ängste, die mich plagten, im Moment der Geburt unserer Tochter schrie sie so herzzerreißend und wollte gar nicht mehr aufhören, ihre Seele wusste wohl schon was kommen würde.

Erwin kam an diesem Tag und seine Augen schienen sie gar nicht mehr loslassen zu wollen und er sagte: Nun ist mein kleiner Engel da. Jetzt sind wir zu viert. Er ging nach Hause zu unserer Erstgeborenen und wollte mich dann am nächsten Tag abholen aus der Klinik. Am Abend traf er sich mit Freunden von uns und zusammen fuhren sie in ein Tanzlokal, um dort die Geburt unserer Tochter zu feiern. Als sie anschließend nach Hause fahren wollten, geschah das was wohl von Anfang an vorherbestimmt war, sie verunglückten schwer mit dem Auto. Alle kamen mit teilweise schweren Verletzungen davon, doch Erwin war sehr schwer verletzt. Am Morgen nach dem Unfall erwartete ich eigentlich seine Ankunft in der Klinik, stattdessen bekam ich Besuch von der Polizei, die mir mitteilte, dass es einen schweren Unfall in der Nacht gegeben hatte, aber man noch nicht wusste, ob mein Mann auch dabei war, da er seinen Pass nicht dabeihatte und so müsse ich zur Klinik kommen und ihn zu Identifizieren. Er lebe noch aber liege im Koma. Auch meine Familie kam in diesem Moment zur Tür der Klinik herein und in mir brach eine Welt zusammen. Ich war doch erst 19Jahre alt. Wo waren alle meine Hoffnungen geblieben, nichts, aber auch nichts war übrig, nichts von meiner Kindheit, nichts von meiner Jugend, jetzt musste ich zwei Wochen zusehen, wie ein Mensch starb, der mir in dieser kurzen Zeit so viel Liebe gegeben hatte, der mir Kraft gab für alles was noch kam, stark zu sein, der mir zwei wundervolle Kinder geschenkt hatte. Meine Schwiegermutter starb drei Jahre nach ihrem Sohn an gebrochenen Herzen. Sein Vater weitere drei Jahre nach seiner Frau an Krebs. In der Zeit davor waren sie jedes Wochenende bei mir und wir besuchten gemeinsam das Grab ihres Sohnes. Wir redeten sehr oft über das Leben danach und auch sie glaubten ganz fest daran. Und so sagte mein Schwiegervater an einem seiner Besuche, ich bitte dich um eins Marion, vergiss niemals meinen Sohn, denn er hat dich wirklich sehr geliebt und dies konnte ich ihm aus ganzem Herzen versprechen und daran halte ich mich bis heute und das sind immerhin schon 39 Jahre. Einmal sagte auch ich meinem Schwiegervater im Gespräch, Papa wenn du gehen musst gibst du mir bitte ein Zeichen, dass du auf der anderen Seite gut angekommen bist? Und er sagte, aber natürlich tue ich dies, ein Jahr nach seinem Tod wuchs auf einer kleinen Wiese vor unserem Küchenfenster, eine rote Rose wo sonst nichts außer Rasen wuchs, diese eine Rose, für mich hat er sein Versprechen eingehalten. So endete dieses so schöne einmalige Kapitel meines angefangenen Lebens. Ich verlor wundervolle Menschen an die Ewigkeit und doch prägten sie meinen weiteren Weg und meine Einstellung grundlegend. Doch wie es nun weiter ging, wie ich meinen Meister fand und was er mich lehrte, dies in einem anderen Kapitel.

Warum ich euch dies alles schreibe, werdet ihr euch fragen?
Ganz einfach, ich möchte euch damit zeigen,
dass ich euch sehr gut verstehen kann,
mich in euch hineinversetzen kann.
Denn ich durchlebte Trauer, Schmerz, Verlust und
Hoffnungslosigkeit so wie Ihr, und
musste loslassen lernen.

Deshalb kann ich euch sagen:
**Kämpft für das, an das Ihr glaubt, mit jeder Faser
eures Herzes.**

„Denn aufgeben ist keine Option!"

Noch heute, lange Zeit, nachdem mein Schwiegervater gestorben ist, bleibt diese eine Rose stark in meiner Erinnerung. Sie bedeutet für mich, dass er in Ordnung angekommen war, er hat sein Versprechen gehalten. Es war eine Erfahrung von grenzenloser Dankbarkeit, dass es in meinem Leben solche liebevollen Menschen gab und ich ein Teil davon sein konnte. Ich fragte mich immer wieder, warum mussten sie gehen? Warum musste das alles passieren? Doch bald kam eine Antwort! In der Zeit habe ich stark geträumt, bekam einen Wunsch zu reisen, als ob mich etwas in die Ferne gerufen hatte. Es gab niemanden, mit dem ich darüber sprechen konnte. Ich war damals sehr oft bei meinen Großeltern, die mich sehr unterstützt haben. Meine Freundin gab mir auch viel Halt, mit ihr haben wir unsere Reise heimlich geplant. Es hat noch einige Zeit gedauert, bis wir endlich in die Ferne losfahren konnten. Doch bald hat wieder eine Prüfung auf mich gewartet. Meine liebe Großmutter ist gestorben. Für mich war es wieder ein Schicksalsschlag, meine Oma, die ich so sehr liebte, war auf einmal nicht mehr da. Warum musste ich alle die Menschen verabschieden, die mir so nah waren? Ich habe in meinem Herzen einen großen Schmerz gespürt, alles war auf einmal anders. Ich wollte es nicht annehmen, gab dem Gott die Schuld dafür. Ich konnte kaum weinen, doch am Ende des Tages flossen viele Tränen. Ich musste in dieser Zeit viel Seelenschmerz ertragen. Und auch Glaube und Hoffnung habe ich bezweifelt, doch ich fragte mich, warum?

Erfahrung in der Pflege

Einen inneren Impuls verspürte ich, um Licht in das Leben anderer Menschen zu bringen. So begann ich, nachdem meine Oma verstorben war, in einem Pflegeheim zu arbeiten. Das dies der richtige Weg war, den ich eingeschlagen hatte, wurde mir durch die Arbeit und die Beobachtungen mit den sterbenden Seelen immer bewusster. Diese Menschen brachten mir eine unendliche Dankbarkeit entgegen. Viele Angehörige schoben diese Menschen einfach ab. Für sie waren sie zur Last geworden und meist kamen sie noch nicht einmal mehr zu Besuch.

Eine Patientin war schon über Jahre in einem fast nicht ansprechbaren Zustand. Ich durfte sie pflegen und immer, wenn ich in ihren Raum hinein ging, reagierte sie, indem sie das Vater Unser betete. Dass sie nicht allein ist, versuchte ich ihr mit tröstenden Worten und Umarmungen Liebe und das Gefühl zu zeigen. In einem anderen Fall hatte eine Patientin sehr große Ängste und starke Berührungsschmerzen. Sie strahlte mich an, sobald sie meine Stimme hörte. Sie schickte die anderen Schwestern raus und verlangte immer nach mir, ihrem „Weißen Engel". An einige Situationen, wo Menschen im Sterben lagen, kann ich mich besonders gut erinnern. So hatte ich das Gefühl in dem Raum zu stehen und spürte, dass etwas vor sich ging, dass man nicht mehr steuern konnte. Die sterbende Person begann plötzlich mit einer imaginären Person zu reden, deutete mit den Händen auf eine Stelle im Raum, um zu zeigen, wo diese für mich nicht sichtbare Person stand. Ihre Hände griffen danach, ein Lächeln ging über ihre Lippen und ich konnte spüren, dass hier eine Kraft ist, die meinen Körper erschaudern ließ. Als eine weitere Patientin verstorben war, erinnere ich mich auch noch an eine außergewöhnliche Situation. Der Leichnam war vom Bestatter schon abgeholt worden, als sich ohne erkennbare Ursache, die Türen des Zimmers öffneten und schlossen. Diesen Weg der Spiritualität unaufhaltsam weiter zu gehen, haben mir diese Erfahrungen bestätigt.

So erinnere ich mich auch an einen jungen Mann, den ich über Jahre bis zu seinem Tod pflegte und begleitete. Er litt seit seinem 20. Lebensjahr an Multiple Sklerose (MS). Als ich mit ihm in Kontakt trat war er bereits nicht mehr in der Lage selbstständig zu gehen, er musste den Rollstuhl benutzen, konnte keine alltägliche Dinge mehr selbst tun, wie zur Toilette gehen und Kleidung anziehen, sowie

Essen. Dennoch war sein Glaube an Gott und das Spirituelle ungebrochen, er sagte mir immer: „Marion, ich weiß es gibt einen Grund das ich dies durchleben muss, warum sollte ich mit meinem Schicksal hadern, ich kann es nicht dadurch ändern, aber ich kann es mir erleichtern." So beteten wir sehr oft zusammen, und es entstand oft ein Flimmern um uns herum, worauf er sagte: „Siehst du Marion, dass passiert immer, wenn du mit mir betest!". Dann fühle ich mich ganz ruhig und ich wusste, dass ich mich auf Gott verlassen kann. Nach diesen Worten wurde mir klar, dass nur unser unerschütterlicher Glaube uns Kraft gibt alles zu ertragen.

Nach einiger Zeit verließen ihn seine Kräfte immer mehr und bald konnte er auch das Bett nicht mehr verlassen. So erzählte er mir oft, wenn ich ihm sein Frühstück zubereitete, dass er sich nachts mit seinem Schutzengel unterhalten würde, der ihm immer wieder erklären würde, dass er keine Angst haben müsse. Ein paar Wochen später, kam ich, um ihm sein Frühstück zu zubereiten, und sah das er Tränen in den Augen hatte, spürte aber auch sofort das dies wohl der Tag war, wo wir uns verabschieden mussten. Wir spürten, dass wir nicht mehr allein im Zimmer waren, eine unglaubliche Ruhe und Gelassenheit erfasste uns, er bedankte sich bei mir für all die Zeit der Hilfe und Energie, das Atmen fiel ihm sehr schwer, er schaut zum Ende des Bettes und lächelte kurz, und sagte: „Ich bin bereit." Dann schlief er friedlich ein. All diese Begebenheiten und

Erfahrungen, die ich hier niederschreibe, haben dazu beigetragen und mich noch mehr bestärkt meinen Weg weiter zu gehen. Nachdem er eingeschlafen war verständigte ich seine Mutter, die alles andere in die Wege leitete. Wir wuschen ihn und kleideten seinen Körper frisch ein. Auf seinem Gesicht lag ein Lächeln wie ich es zu Lebzeiten nie mehr bei ihm gesehen hatte. Seine Mutter bedankte sich unter Tränen bei mir, und in meinem Herzen spürte ich unglaubliche Liebe zu Gott und Dankbarkeit.

Nun könntet ihr euch fragen: Was hat dies alles mit Magie zu tun?
Meine Antwort würde lauten: **ALLES!**
All diese Begebenheiten und Erfahrungen sind letztendlich die Wege zum Ganzen.

Es vergingen ein paar Monate, in denen ich sehr viel gelesen hatte und meine Meditationen vertiefte. Als ich ständig starke Übelkeit verspürte und einen Knoten in meiner linken Brust ertastete. Es wurde sofort eine Untersuchung veranlasst, die dann auch meinen Verdacht bestätigte, Brustkrebs. Nun, auch ich bin Mensch, meine Gedanken aber waren seltsamer Weise sehr ruhig und ich spürte keinerlei Angst. Mein Vertrauen an Gott und den Energien war grenzenlos. So durchlebte ich von der Operation bis zur Bestrahlung und der darauffolgenden Genesungszeit alle Phasen des Schmerzes, der

Traurigkeit und Kraftlosigkeit und trotz allem verließ mich niemals mein Glaube.

Eines Tages es war kurz nach der Operation besuchte mich eine liebe Freundin mit ihrem Mann und ich durfte für kurze Zeit mein Bett verlassen. Wir gingen ein wenig den Flur entlang, doch ich fühlte mich sehr schwach, wollte meiner
Freundin noch etwas sagen, doch dann verließen mich meine Kräfte. Ich erlitt einen zweiminütigen Herzstillstand und wie mir meine Freundin später erzählte, war ich blau angelaufen im Gesicht. Sie muss so laut geschrien haben, dass die Schwestern als sie sahen was passiert war, sofort im OP anriefen. Das dort freie Team kam mit allen was nötig war, um mich zu reanimieren. Das gelang ihnen. Während dieser Zeit erlebte ich das Schönste was ich je erleben durfte, führte Gespräche und sah Dinge, die mich so berührten, aber dazu kommen wir gleich. Aber durch all die Erfahrungen kann ich euch nur immer wieder ans Herz legen: Es gibt keinen Grund aufzugeben, niemals. Alles ergibt einen Sinn, lasst euren Schmerz und eure Trauer zu, denn ich habe all die Dinge erlebt und verstehe, wie ihr euch fühlt. Ihr wisst doch meinen Leitspruch und Erfahrungen, und das ist mein voller Ernst: **AUFGEBEN IST KEINE OPTION!**

Nahtod-Erfahrung

Wie ich von meiner Freundin erfuhr, haben mich die Ärzte zwei Minuten lang reanimiert und ich sage euch ich habe das Schönste erlebt was ich mit Worten nur sehr schwer ausdrücken kann. Mögt ihr glauben, es wäre Fantasie gewesen oder eine Vorspiegelung meines gestressten Gehirns in Todesangst. Für mich war es Realität. In dem Moment als es mir schwarz vor Augen wurde, spürte ich erst einen Moment starker Kälte, die aber in Sekunden in eine angenehme Wärme und Leichtigkeit überging. In meinen Ohren nahm ich erst ein entferntes Rauschen wahr und vor meinen Augen war es als würde ein nebliger Schleier liegen. Ich bekam absolut nichts von dem mit, was die Ärzte unternahmen, um mich zu retten. Ich spürte keinen Schmerz, einfach nichts. Ich bemerkte, dass der Nebel langsam immer heller wurde und ich hörte deutlich Stimmen dahinter, die meinen Namen sagten. Als ich erkennen konnte wer meinen Namen rief, erkannte ich eine Frau und einen Mann in strahlend weißer Kleidung, sie sagten mir: "Marion (Anuri) deine Zeit ist noch lange nicht gekommen du musst zurück und deine Bestimmung erfüllen. Es gibt Menschen, die dich brauchen." Plötzlich vernahm ich wieder dieses Rauschen und spürte einen furchtbaren körperlichen Schmerz, ich hörte die Ärzte laut sagen: „Marion sie können nicht sprechen sie haben einen Beatmungsschlauch im Hals, den wir morgen wieder entfernen." Ich fühlte mich furchtbar und wünschte ich wäre nicht erwacht. Aber wie wohl bei vielen Menschen, die so etwas erlebt haben, stellt sich mir dann die Frage, habe ich dies alles wirklich empfunden, gesehen oder war es nur Fantasie? Man entfernte mir am nächsten Tag den Schlauch, jedoch konnte ich durch diese Reizung tagelang nicht sprechen und meine Muskeln schmerzten so sehr, dass es sich anfühlte als wären sie aus Beton. Wie die Ärzte mir erklärten, haben sich in diesem Todeskampf die Muskeln verkrampft und da sie sich jetzt wieder lösten schmerzten sie natürlich sehr. Meine Gedanken schweiften ständig zu dem Erlebten zurück und langsam fühlte ich einen tiefen Frieden in mir. Ich erholte mich dann so schnell, dass selbst die Ärzte erstaunt waren und schon eine Woche später konnte ich die Klinik verlassen.

Meine Erfahrungen mit dem Tod der Mutter

Vor vielen Jahren hatte ich meiner Mutter nun vergeben und wir verbrachten fast täglich Zeit miteinander. Wir verbrachten unsere gemeinsamen Urlaube und in all dieser Zeit, lernte ich meine Mutter plötzlich von einer ganz anderen Seite kennen. Sie war nicht die harte unbeugsame Frau, die ich als Kind erlebte, sondern eine einsame, aber auch lebenslustige Frau, die ihre Fehler erkannt hatte und einfach nur ihre Familie um sich haben wollte. Doch wie heißt es in einem Sprichwort so schön, der Mensch denkt und Gott lenkt. Sie erkrankte an Krebs, die Diagnose (Gallenkrebs) erhielten wir kurz vor Weihnachten. Da sie aber drei Jahre zuvor schon einmal Brustkrebs hatte, und ihn überstand, war ihr Wille ungebrochen, wie sie immer sagte. „Ich habe es einmal geschafft.

Und ich schaff es wieder." Damit begann ein Weg, bei dem ich auch über mich noch sehr viel lernen sollte.

Wir feierten das Weihnachtsfest mit der ganzen Familie und planten unseren gemeinsamen Urlaub, den wir immer gemeinsam im Herbst machten. Inzwischen fiel mir auf, dass sie kurz nach Neujahr immer mehr Gewicht verlor, also gingen wir zum Arzt, der erstmal Entwarnung gab, mir aber verdeutlichte, dass bei dieser Art des Krebses keine Heilung mehr bestand, da er sehr aggressiv war. Dies verheimlichte ich ihr aber, um nicht die Hoffnung in ihr zu zerstören. Sie war so fest davon überzeugt es zu schaffen, das wollte und konnte ich ihr nicht nehmen. Ihr immer Mut zu machen und zu wissen, dass es bald zu Ende geht überstieg oft meine Kräfte. Ich versuchte täglich an ihrer Seite zu sein und ihr Kraft zu geben. Sie hatte den Wunsch ihren 80. Geburtstag mit der ganzen Familie und Freunden zu feiern und diesen Wunsch erfüllten wir ihr, alle waren da, selbst die die sie fast 30 Jahre nicht mehr gesehen hatte.

Ich hatte alle vorher darüber informiert, dass es wohl ihr letzter Geburtstag würde, die einen glaubten es, die anderen nicht, da sie noch so fit war. Es war für sie ein wunderschöner Tag. Für mich unbeschreiblich traurig, mit dem Wissen um ihren Zustand. Ihr Geburtstag war dreieinhalb Monate nach Diagnose. Eine Woche später fuhren wir mit ihr an die See und in die Berge, ich wusste sie würde den gemeinsamen Urlaub nicht mehr erleben, doch ihr sagten wir es sei ihr Geschenk zum Geburtstag. Wir zeigten ihr auch noch die verschneiten Tannen des Harzes. Und dann, ja dann kam das Schlimmste was ich mir vorstellen konnte. Zu dieser Zeit hatte sie bereits einen sehr aufgeblähten Bauch und der Arzt entschied sich zu einer Bauchspieglung, in der Hoffnung die Wasser Ansammlungen in ihrem Bauch stoppen zu können. Leider vergebens, aber man entdeckte, dass der Krebs bereits das Bauchfell mit Metastasen durchzogen hatte und der Prozess mit rasender Geschwindigkeit fortschritt. Nach dem Krankenhaus nahm ich sie mit zu mir, organisierte eine Pflege und war in diesen Tagen rund um die Uhr für sie da. Nun erlebte ich auch meine Grenzen, den Menschen, den man endlich lieben gelernt hatte, loslassen zu müssen. Ich erlebte ihren täglichen Zerfall wie wir alle und jeder ihrer Kinder versuchte täglich da zu sein, ihr Unterstützung zu geben und vor allem Liebe, die uns so lange vorenthalten blieb. Wir genossen die wenige Zeit, die uns mit ihr blieb, gemeinsam.

Die letzten Wochen haben wir sie gepflegt. Sie starb am 10.07.2018.

Trauerrede für Mama
(23.07.2018)

Ich habe lange überlegt, was sage ich an diesem Tag?
Wie kann ich die Worte finden, die beschreiben wer war
unsere Mutter, Oma, Schwester und Uroma.
Ich habe sie in den letzten drei Jahren so kennenlernen
dürfen, wie wohl kaum ein anderer. Wir konnten
Gespräche führen, in denen ich den Menschen Mutter
plötzlich in einem anderen Licht sah. Sie war verletzlich,
einsam
und hilfsbereit, nicht der burschikose harte Mensch, den
sie uns auch oft vermittelte. In diesen Momenten fühlte
ich mich als Tochter. In unseren gemeinsamen Urlauben
lernte ich eine glückliche und dankbare Frau kennen. Sie
war Bestandteil unseres Alltages geworden und hat dort
eine große Leere hinterlassen.
Wir haben über die Vergangenheit gesprochen und sind
gemeinsam in die Zukunft gegangen. Ich persönlich
konnte ihr Fehler der Vergangenheit vergeben und mit ihr
die
Zeit leben. Ich habe Hochachtung vor ihrer Stärke, denn
bis zuletzt wollte sie leben, hat nie gesagt, dass sie
Schmerzen hatte. Wir konnten uns sagen:

Ich liebe dich.

Viele der Familie konnten sich mit ihr aussöhnen und in
Liebe verabschieden. In diesem traurigen Moment kann
ich sagen, ich hatte eine Mutter, die ich liebte. Ich weiß
aus Überzeugung, dass sie jetzt bei ihrer großen Liebe

Hillmar ist, den sie nie vergessen hat, sein Medaillon mit seinem Bild wünschte sie zu tragen, auf ihrem letzten Weg.

Sie war ein Teil unseres Lebens der nicht mehr ist, aber in unseren Herzen einen festen Platz gefunden hat.

Mutter du wolltest noch mit uns in den Urlaub, den du so geliebt hast, dort warst du glücklich, wir nehmen dich auch diesmal voller Dankbarkeit mit, der Sonne entgegen.

Wir, deine Kinder, werden mit dir eine letzte Reise unternehmen und gemeinsam, Hand in Hand, dich der Freiheit des Meeres übergeben.

Mutter wir lieben und vermissen dich.

Marion

Eine kleine Anleitung

Lieber Leser,

wir kommen jetzt zu dem Teil, in dem wir sehr konkret über Magie und ihre Anwendung sprechen werden. Es ist wichtig, dass du folgende Dinge beherzigst, wenn du dich auf diese Reise einlassen möchtest:

1.   **Ernsthaftigkeit:** Wenn du denkst dich mit Magie ernsthaft beschäftigen zu wollen, dann bitte erweise der Materie auch den Respekt, den sie verdient.

2.   **Gewissenhaftigkeit:** Bitte halte dich an die Anweisungen, die ich dir in diesem Buch mitgebe. Es gibt Rituale, in denen du größere persönliche Freiheit

hast als in anderen. Aber manches verlangt exakt was hier angegeben ist. Bitte halte dich daran.

3. **Ganz wichtig:** Weiße Magie hat nichts mit Manipulation zu tun, denn Manipulation hat nichts mit Liebe zu tun - und nichts als das Werk der Liebe ist die Weiße Magie. Wenn du einen Menschen manipulieren willst, damit er dich liebt, dann bist du hier falsch denn dies hat nichts mit bedingungsloser Liebe zu tun.

Kapitel 2

MEDIATION LERNEN

Was? Wieso? Wie? Wozu?
Was ist Meditation und wobei hilft sie?

Meditation ist eine Technik, durch die man seine Gedanken, Gefühle und Energieströme beobachten und kontrollieren kann. Dabei arbeitet man mit Aufmerksamkeit, Konzentration und Vorstellungskraft. Meditation ist ein Werkzeug, um die eigene ewige Seele kennenzulernen und die Stimme der Seele zu erkennen. Mehr dazu in 5 innere Stimmen. Wohin wir innerlich oder äußerlich die Aufmerksamkeit lenken, das wird wachsen und wir rufen es so ins Leben! Je stärker ist die Emotion, desto mehr hat der Gedanke Kraft und desto schneller wird sich dieser manifestieren. Wohin lenkst du deine Aufmerksamkeit!?

„Führe ich ein erfülltes Leben? Warum bin ich auf der Welt? Warum denke ich, wie ich denke?"

Wenn du zu diesen oder ähnlichen Fragen Antworten suchst, hilft Meditation. Dafür kann man auf die Lehren des Buddhismus setzen. Oder auch Übungen aus der modernen kognitiven Therapie oder

Autogenes Training und progressive Muskelentspannung anwenden. „Es gibt Dinge, die man nicht verändern kann. Genieße trotzdem was hier und jetzt ist. Verändere den Fokus durch Meditation und Visualisierung. Es gibt immer einen Weg. Wer sucht, der findet. Wo du die Aufmerksamkeit hinlenkst, das wird zum Leben erweckt werden!"

Meditation bietet die Möglichkeit:
• zu entspannen,
• sein Selbstbewusstsein zu stärken,
• innere Klarheit zu schaffen.

Wann ist was für mich passend?
Endlich einmal richtig ausruhen. Abschalten können. Ohne, dass tausend Gedanken wie Blitze durch den Kopf schießen. Fühlen, wie der Kopf frei und leicht wird. Ideen kommen und gehen lassen. Im Hier und Jetzt sein. Sich spüren. Energie erneuern.
Der eine möchte einfach mal verschnaufen und neue Kraft schöpfen. Andere sind auf der Suche nach Antworten in und für sich.

Hier hilft Meditation. Meditation ist die Arbeit mit der Aufmerksamkeit. Unsere Aufmerksamkeit ist die Lebensenergie!
Ich werde dir hier einige Meditations-Techniken vorstellen. Ich helfe dir, das Beste für dich zu erkennen und auszuwählen. Denn mit der richtigen Technik erreichen wir unsere Ziele leichter und

schneller. Auf meiner Homepage, www.magierin-damona.eu, findest du eine geführte Meditation, die dir den Einstieg erleichtern kann.

Gibt es DIE Meditation?

Meditation ist umfassend. Ein Oberbegriff. Innerhalb der Meditation sind verschiedenste Techniken und Ausprägungen möglich. Meditationstechniken sind zum Beispiel:

- Atemtechniken
- Visualisierung
- bewusstes Beobachten

Meditation ist uralt. Es gibt sie in vielen unterschiedlichen Kulturen.

Meditation ist eine Technik, mit der man lernt:

- Gedanken zu kontrollieren,
- Gefühle zu verstehen,
- sich selbst zu erkennen

„Meditation ist die Möglichkeit,
in sich selbst zu gehen und eigene,
innere Prozesse zu beobachten
und zu steuern."

Kein Mensch ist nur Materie – wir sind nicht nur „Körper"; Gedanken und Gefühle leben in uns. Jeder Mensch besteht auch aus Bewusstsein und ewiger Seele; aus dem, was man als Seele, Licht und Freude bezeichnen kann. Meditation hilft, dies zu erkennen. Und vor allem, es zu erleben. Wie wäre es, den kreisenden Gedanken einfach mal den Riegel vorzuschieben, sie auszusperren? Das geht nicht? Doch! Das geht – Meditation ist eine Methode, bei der man lernt, Gedanken loszulassen und den Kopf abzuschalten. Um Energie aus dem „Hier und Jetzt" zu tanken. Der Meditierende richtet seine Aufmerksamkeit nach innen. Und erkennt dabei den Ursprung von Gedanken, Gefühlen und Energieflüssen. Bleibe in Liebe und Dankbarkeit und erzeuge diese Emotionen in jeder Situation! Schickt die Liebe ins Sonnengeflecht, da ist die Tür zu Gott.

Meditations-Praxis im Alltag

Unsere Meditations-Praxis soll uns nicht von unserem Alltag wegbringen. Sie soll uns unseren Alltag erleichtern und die Freude und Leichtigkeit zurückgeben. Auch wenn man einen stressigen Beruf hat, kann man sich trotzdem die 20 Minuten für eine Meditation nehmen.

Ein chinesisches Sprichwort besagt, dass jeder Mensch mindestens 20 Minuten täglich meditieren sollte. Wenn man aber zu viel Arbeit oder zu viel

Stress hat, sollte man sogar eine Stunde meditieren. Es steckt sehr viel Weisheit darin, weil es in unserer heutigen Gesellschaft nicht darum geht, wie lange man arbeitet, sondern wie effektiv wir arbeiten. Heutzutage gibt es Technologien und die Möglichkeiten, Prozesse zu beschleunigen, durch Computer oder durch Arbeitsverteilung.

Was jedoch wesentlich wichtiger ist, als immer mehr zu arbeiten, ist es, effektiver zu arbeiten. Jeder kennt es: Wenn man gut drauf ist, kann man sich besser konzentrieren und in den acht Stunden, die man arbeiten muss, wesentlich mehr schaffen. Umgekehrt, wenn man unkonzentriert ist, psychisch und physisch fertig ist, dann kann man auch 16 Stunden arbeiten und würde dennoch nichts schaffen. Und genau darum geht es in der Meditation im Alltag: um Achtsamkeit.

Das bedeutet, Meditation sollte nicht nur in gewissen Zeiten, zum Beispiel innerhalb von 20 Minuten, da sein, sondern wir sollten mit unserer Achtsamkeit, unserem Bewusstsein, fortwährend in unserem innersten System sein und schauen, wie wir uns fühlen und warum wir uns so fühlen müssen: Wieso müssen wir so denken / so handeln? Jeder, der bereits eine gewisse Meditations-Praxis hat, hat schon herausgefunden, dass wenn man am Tag zu viel Stress hatte und Druck ausgeübt wurde, die Meditation am Abend keine Tiefe hat.

Wenn man aber im Alltag achtsam ist und gewisse negative Gedanken und Gefühle stoppt, wenn sie kommen, wie zum Beispiel: „Mein Chef hat mir gesagt, dass ich gefeuert werde", oder „In meiner Firma läuft es momentan nicht so gut, wie ich es mir vorstelle" –, dann muss man diese Gedanken gleich stoppen, sobald sie auftreten. Dann muss ich mich fragen: Ist das wirklich so? Ist dieser Gedanke ein wahrer Gedanke? Ist mir dieser Gedanke dienlich, oder verursacht er nur Stress?

Wichtig ist gleich auch an dieser Stelle, mit seinen Emotionen und Gedanken zu arbeiten und sich zu sagen: Wenn mich mein Chef rausschmeißt, dann finde ich einfach eine neue Arbeit. Das bedeutet nicht, dass ich unhöflich bin, oder es mir egal ist, aber dass ich mich einfach auf das, was ich kann, konzentriere und mein Bestes gebe – und wenn dieses Beste nicht genug ist, dann lasse ich los.

Das ist genauso mit der eigenen Firma: Jeder hat nur zwei Hände, einen Mund und man kann nur das tun, was man eben tun kann. Das bedeutet, man kann sich einen Plan machen und sich fragen: Was ist am wichtigsten? Ich mache eine Sache nach der anderen, aber mehr kann ich auch nicht tun und wenn dies nicht genug ist, dann geht die Firma halt bankrott. Man sollte schauen, wie man die Sachen anders wieder geradebiegt oder (hin-) bekommt. Dieses mehr im Hier und Jetzt sein, diese Achtsamkeit in den Alltag zu bringen, ist eine sehr wichtige Voraussetzung, damit die eigentliche Abend- oder Morgenmeditation wesentlich tiefer ist. Das bedeutet, dass die Meditations-Praxis über den ganzen Tag stärkt, weil man achtsamer mit seinen Gedanken umgeht. Dies tut man, in dem man seine Gedanken, Gefühle oder gewisse Impulse, die aufkommen, annimmt und die negativen Gedanken und Gefühle stoppt, wenn sie kommen. Man wartet nicht, bis die eigentliche Meditation anfängt und fängt nicht erst dann mit der innerlichen Reinigung an.

Wenn man es so praktiziert, unterstützt diese neue Achtsamkeit auch unglaublich die Kreativität: Hat man dann viel zu tun, viel Stress, können durch die Beruhigung, durch die Achtsamkeit, durch das Gleichgewicht, plötzlich geniale Gedanken kommen. Man sieht Probleme dann von einer anderen Perspektive und kann an dem Problem kreativ arbeiten, sodass sich oftmals plötzlich sehr ungewöhnliche und kreative Lösungen anbieten, die das Problem von einer anderen Perspektive aus lösen können.

Meditieren – Wie geht das?

Bei der Meditation lernst du:
- *Aufmerksamkeit gezielt zu steuern
- *Gedanken kommen und gehen zu lassen
- *Geist und Körper zu entspannen

Meditation ist Arbeit mit der Aufmerksamkeit. Äußere Umstände beeinflussen die Meditation nicht.

Die Tiefe der Meditation hängt von der inneren Einstellung ab. Setze oder lege dich bequem hin. Wenn du mit dem Meditieren gerade erst beginnst, dann sorge dafür, dass du diese Zeit nur für dich hast. In aller Ruhe. Kreisen die Gedanken? Tauchen hier und dort welche blitzartig auf? Im Kopf dreht es sich wie auf einem Karussell?

Um wieder ins „Hier und Jetzt" zu kommen, um sich auf den Moment konzentrieren zu können, ist es wichtig, die Gedanken zu beruhigen. Wie geht das? Wie stoppe ich dieses Gedankenkarussell?

Unsere Gedanken leben von unserer Aufmerksamkeit: Alles, worauf wir reagieren, erhält von uns Energie. Egal, ob positiv oder negativ. Die Reaktion bewirkt etwas – entziehen wir diesem die Aufmerksamkeit, verschwindet es. Auch Gedanken. Der Kopf wird frei.

In und mit der Meditation beruhigen sich die Gedanken. Wir beobachten, wie sie kommen und gehen. Aber wir reagieren nicht auf sie.

„Jetzt ein leckeres Käsebrot", meldet das Gehirn, wenn der Magen knurrt. In der Meditation ignorierst du diesen Einfall und das hungrige Gefühl. Du bemerkst es. Du erkennst es. Aber du reagierst nicht. Viele Geistesblitze schießen am Anfang nach einem bestimmten Ereignis oder einem anstrengenden Tag durch den Kopf. In der Meditation beobachten wir diese Gedanken und auch die Gefühle. Da war dieses ärgerliche Schreiben des Anwalts. Das macht wütend.

Beobachte es. Reagiere nicht. Nimm es hin. Lass das Gefühl vorüberziehen.

Zu Beginn fällt dies wahrscheinlich schwer. Mit der Zeit wirst du jedoch erkennen, dass es leichter wird, die Gedanken kommen und gehen zu lassen. Du konzentrierst dich auf deinen Atem. Einfach nur einatmen und wieder ausatmen. Um dies zu unterstützen, kann man sich einen Ruhepol schaffen: Dafür setzt oder legst du dich bequem hin. Ist dir völlige Ruhe angenehmer oder ein wenig sanfte, leise Meditationsmusik? Probiere aus, was dir selbst guttut. Vielleicht zündest du dir dazu Kerzen an oder richtest dir einen kleinen Altar ein.

Die Meditation arbeitet mit der Aufmerksamkeit. Die Intensität, die man beim Meditieren erlebt, ist nicht abhängig von äußeren Faktoren, sondern von der inneren Einstellung.

Aufmerksamkeit ist Energie. Wenn wir etwas begehren, ziehen wir es an. Wenn wir vor etwas Angst haben, ziehen wir es ebenso an.

Erfolg und Disziplin –
Warum Meditation Spaß machen sollte

Nur in dem, was wir gerne machen, sind wir gut. Das gilt auch für die Meditation. Meditieren soll

Spaß machen, Freude bereiten und in gewisser Weise eine Belohnung darstellen. Zwinge dich nicht. Natürlich erfordert es eine gewisse Disziplin und Geduld, um Erfolg in und mit der Meditation zu haben. Wir lernen nichts einfach so. Und wir entscheiden selbst, womit wir uns belohnen. Ein gutes Glas Wein, die Zigarette nach dem Essen, aber auch Drogen oder Sex sind Belohnungen. Eine Meditation, ein Spaziergang oder das Lesen eines spirituellen Buches ebenso. Setze dir keine hohen „Ziele". Wer durch die Meditation leistungsfähiger, schneller oder besser werden will, wer eine bestimmte Fähigkeit erreichen will, wird enttäuscht werden.

Meditation ist der Weg zu uns und unserem Glück. Das ist die Belohnung. Ja, man erreicht durchaus bestimmte Fähigkeiten oder wird leistungsfähiger. Als Folge der regelmäßigen Meditation. Erzwingen können wir es nicht. Meditation stärkt zudem das Selbstbewusstsein.

Du lernst:

- *zu beobachten
- *sich in Achtsamkeit zu üben
- *den Körper ohne Denken atmen zu lassen

All dies bewirkt, dass du dich darauf konzentrierst, was in deinem Inneren geschieht. Man spürt, wie die Energie mehr und mehr durch den Körper strömt. Regelmäßiges Meditieren beruhigt den Geist und bewirkt, dass er klar wird. Dabei gibt es verschiedene

Meditationstechniken – probiere aus, welche am besten zu dir passt.

Ein Glas ist halb voll oder halb leer.
Du entscheidest.

Alles muss man lernen – die wenigsten Sachen „fliegen einem zu". Wie intensiv soll etwas sein? Wie viel Zeit investiert man? Täglich? Mehrmals in der Woche? Zwei bis drei Mal im Monat? Meditieren ist wie Laufen. Die einen laufen lieber lange. Andere kürzer, aber öfter. Bringst Du bereits Erfahrung mit? Dann ist es leichter. Auch die Wahl der Meditationstechnik ist sehr individuell.

Welche Techniken der Meditation gibt es?

1. Beobachten
2. Introspektion (Selbstreflexion)
3. Atemtechnik
4. Konzentration
5. Visualisierung
6. Astralreisen
7. Lotusblüten-Meditation

1. Beobachten

Beobachten und nicht zu reagieren, ist die Grundtechnik der Meditation. Aufmerksam spürst du deinen Atem, deinen Körper und deine Energie. Wandern die Gedanken weg? Lässt die Achtsamkeit nach? Dann atmet man sehr bewusst. Und konzentriert sich nur auf seinen Körper. Man fühlt, wie der Atem kommt und geht, wie er durch den Körper fließt. Wahrnehmen, betrachten und nicht reagieren – das hilft zu erkennen, dass wir nicht nur aus Körper bestehen, sondern auch Gedanken, Gefühle und die Seele uns als Mensch ausmachen.

Mit der Zeit wirst du merken, dass sich mit dieser Technik manche Gedankenmuster (Probleme) nicht abschalten lassen. Bestimmte Muster, die sich im Gehirn „festgefressen" haben. Um diese Gedanken (Probleme) aus dem Kopf zu bekommen, muss man sie splitten: in einen Teil, den ich beeinflussen kann, den ich ändern kann. Und in einen anderen Teil, den ich hinnehmen muss. Dadurch, dass wir zu gewissen Teilen der Realität zu stark „Ja" oder „Nein" sagen, entstehen in unserem Kopf starke Gedankenströme, die wir nicht nur durch Beobachtung und Nichtreagieren aus dem Kopf bekommen. Man muss die

Problematik also aufteilen: Welchen Teil der Problematik oder Realität habe ich unter der Kontrolle und welchen nicht? Was kann ich selbst verändern? Wenn ich weiß, welchen Teil des Problems ich durch Tun beeinflussen kann, muss ich mir fest vornehmen, es zu tun! Genauso, wenn ich weiß, welchen Teil des Problems ich nicht beeinflussen kann, muss ich diesen der höheren Kraft übergeben und loslassen.

2. Introspektion (Selbstreflexion)

Weißt du, warum du so denkst, wie du denkst? Was steht hinter gewissen Regungen? Sind diese Gedanken für mich nützlich? Führen diese und meine Gefühle mich an mein Ziel?

Zu erkennen, warum man wie denkt, nennt man Introspektion. Auch hier muss man erkennen: Kann ich selbst etwas verändern? Oder übergebe ich die Kontrolle dieser Situation einer höheren Macht? Wenn du morgens aufstehst, ist manchmal ein erster Gedanke: Alles ist heute blöd und schlecht. Gibt es dafür einen Auslöser? Die Trennung vom Partner? Steht eine schwierige Situation im Job bevor? Kannst du es ändern? In der Introspektion geht es darum, zu betrachten, welche Gedankenmuster für mich nützlich sind. Die anderen lässt man los. Habe ich Schuldgefühle? Diese blockieren. Sie rauben Energie. Dinge persönlich zu nehmen, sie immer auf sich zu beziehen, voreilige Schlüsse zu ziehen und zu übertreiben, bringen einen nicht weiter. Die Introspektion hilft, dies zu erkennen. Regelmäßiges Meditieren ist für die spirituelle Entwicklung wichtig und gleichzeitig schwierig. Manchmal lässt es sich leicht meditieren. Manchmal will es so gar nicht funktionieren. Das ist dann der Fall, wenn schlechte Gedankenmuster überhandnehmen. Mit der Introspektion lernst du, diese zu reparieren oder loszulassen. Man erkennt, welche Gedanken für einen wichtig sind und einen weiterbringen. Darauf lenkt man den Fokus. Wenn man mittels Introspektion diese Gedankenmuster bearbeitet, läuft die nächste Meditation wieder leichter. Mehr über Introspektion (Selbstreflexion).

3. Atemtechnik

Manchmal fahren Gedanken im Kopf Karussell. Unruhe herrscht vor. Man springt von einem innerlichen Satz zum nächsten. Entspannung will sich so gar nicht einstellen. Wenn du dich in solchen Momenten nur und ausschließlich auf deinen Atem konzentrierst, hilft es, dieses Gedankenkarussell zu stoppen. Bewusst ein und auszuatmen hilft, Energie zu bekommen. Sich auf den Fluss des Atems in jedem Winkel des Körpers zu konzentrieren, beruhigt. Der Kopf wird freier. Bewusstes Atmen eignet sich nicht für die gesamte Dauer der Meditation. Die ersten 10 bis 100 Atemzüge zu beobachten, fühlen, wie der Atem fließt, ist jedoch ein guter Einstieg. Mehr über Atemtechnik.

4. Konzentration

Um sich weiter zu entwickeln, ist Konzentration erforderlich. Dafür gibt es Übungen. Zu Beginn ist es gut, sich auf etwas Allgemeines zu fokussieren. Auf ein Licht oder eine bestimmte Farbe. Damit bearbeitet man bestimmte Chakren. Denn jedem Chakra wird ein Licht zugeordnet. Welches und warum?

Hier listen wir Chakren auf und beschreiben sie.

Wer es schafft, sich auf Licht oder Farbe zu konzentrieren, kann das im Folgenden auf Mantren ausdehnen. Ein Mantra ist eine Art kurzes Gebet. Die meisten Mantren sind in Sanskrit und beginnen mit **„OM"**.

Auch in der Bibel steht: Am Anfang war das Wort, das Wort war bei Gott, das Wort war Gott. Man sagt, dass die Anfangsschwingung das AUM ist (zusammen OM). Danach führt man das Mantra weiter. Zum Beispiel: *„Om So ham"*, oder *„OM, SO HAM SHRI DEVA PURISA MAHADEVAYA NAMAHA"*, oder *„Om mani padme hum"*.

Man muss die Mantren nicht in Sanskrit singen. Auch ein eigener Satz wird zum Mantra.

Jeder kann sich auch einen eigenen Wortlaut überlegen und diesen wiederholen. Es ist eine Art Selbsthypnose. „Jeden Tag geht es mir immer besser und besser.",

„Jeden Tag bin ich meinem Erfolg einen Schritt näher." „Ich werde immer gesünder."

„Ich lerne von jedem Misserfolg und werde immer erfolgreicher."

Es ist wichtig, diese Sätze so zu formulieren, dass sie glaubhaft sind. Für den, der sie sich selbst sagt. Es muss wahrhaftig sein. Wenn du einen Satz wiederholst, diesen aber nicht glaubst, dann funktioniert das Ganze nicht. Hat jemand zum Beispiel die Diagnose Krebs erhalten und wählt als Mantra „Ich bin gesund", gerät der Körper in einen

Zwiespalt. Wenn man jedoch selbst sieht, dass man aus Körper und Seele besteht und den Satz auf die Seele bezieht, dann funktioniert dies. Andernfalls muss man den Satz umformulieren, zum Beispiel in: „Mit jedem Einatmen kommt Energie zu mir. Sie heilt mich."

Mantren helfen uns, uns mit dem Unterbewusstsein zu befassen. Wir können es umprogrammieren und lernen, positiv zu denken. Ich empfehle, diese Sätze oder Mantren zu Beginn oder am Ende einer Meditation zu sprechen. Sie helfen, die mittlere Meditation tiefer zu erfahren. Einen gedankenlosen Zustand zu erleben. Du spürst nicht nur Körper, Gefühl und Gedanke, sondern deine Seele. Wenn du diese fühlst, brauchst du keine Angst zu haben.

Das ist der Sinn einer Meditation: Angst zu beseitigen und im Gleichgewicht und Freude zu leben.

5. Visualisierung

Was möchte ich erreichen? Denke zu Beginn oder am Ende einer Meditation darüber nach. Wir brauchen Ziele. Dabei sind positive Emotionen wichtig. Irgendwo im Universum sind Möglichkeiten gespeichert, wie man zu seinem Ziel kommen kann. Irgendwo existiert die Lösung. Konzentriere dich auf die positive Emotion, damit dein Unterbewusstsein dir helfen kann, den Weg dorthin zu finden. Dies geschieht mit Hilfe der Visualisierung. Ich empfehle, diese zusammen mit den Atemtechniken zu nutzen. Ein Ziel ist der gedankenlose Zustand. Diesen zu erreichen, ist besonders schwer. Der Kopf braucht sehr oft etwas „zum Spielen".

Hier helfen die Mantren oder die individuellen Sätze. Unser Kopf soll uns keine verrückten Szenen vorspielen. Er soll helfen, unsere Ziele zu erreichen. Dazu müssen wir wissen, was unsere Ziele sind. Führe ein Heft, in das du deine Ziele und Wünsche auf allen Ebenen schreibst. Schreibe dir immer auf, wenn dir etwas einfällt. So oft wie möglich. Wir geben so unserem Gehirn die Richtung vor. Wenn wir in Stresssituationen sind, sollten wir uns nicht auf das Problem, sondern auf die Lösung konzentrieren. Wir brauchen ein Ziel, auf das wir uns auch in schwierigsten Situationen fokussieren können. Die Suche nach Lösungen muss stärker sein als negative Gedanken.

Wende diese Technik oft, aber stets begrenzt an. Auf dem Weg zu einem Gipfel sieht man auch nicht ständig auf die Spitze des Berges. Gehe bewusst deinen Weg.

Prüfe ab und zu durch den Blick nach oben, ob du auf dem richtigen Weg bist. Und dann konzentriere dich wieder auf die nächsten Schritte. Führe dir positive Emotionen vor Augen. Visualisiere deine Ziele, das, was du erreichen willst. Das hilft, die Richtung beizubehalten. Und dann: Sei im Hier und Jetzt. Konzentriere dich auf den nächsten Schritt, der zu gehen ist.

6. Astralreisen

Astralreisen zu erleben, ist ein hohes Ziel der Meditation. Es ist eine sehr tiefe Form der Meditation, eine andere Ebene. Astralreisen bestehen aus vier Stufen: In der **ersten Stufe** erreicht man den TranceZustand. Trance ist der Zwischenbereich zwischen Wachsein und Schlafen.

Bei **Stufe Zwei**, den Astralreisen ersten Grades, erreicht die Meditation den Bereich, in dem Menschen träumen und bewusst wieder daraus zurückkehren können.

In der **dritten Stufe** kommt man gezielt in den Tiefschlaf-Bereich. Man begibt sich bewusst in diesen Zustand und kommt auch bewusst aus diesem wieder zurück.

Noch einen Schritt weiter geht es in **Stufe Vier**. Bei Astralreisen vierten Grades begibt man sich an den Ort, den Menschen beim Sterben erreichen. Auch hier geht man bewusst dorthin und auch bewusst wieder zurück.

Astralreisen sind Techniken für Fortgeschrittene. Erst, wenn man leicht den gedankenlosen Zustand erreichen kann, geht man einen Schritt weiter. Dafür muss man sich zudem selbst sehr gut kennen und sich selbst beherrschen können.

Nur, wer die Elemente unter Kontrolle hat und die Stimmen, die von diesen ausgehen, beherrschen kann, sollte diese Technik angehen. Ich empfehle, sich vorab den Vortrag „Fünf innere Stimmen" und „Arbeit mit Elementen" anzuhören.

Wer sich für Astralreisen interessiert und einen tieferen Zustand erreichen möchte, der konzentriert sich auf Shri Yantra und die Blume des Lebens während der Meditation.

Stehe bei Sonnenaufgang auf und meditiere. Lege dich anschließend noch einmal für eine halbe Stunde hin. Das trainiert die bewussten Übergänge zwischen Schlaf und Wachsein. Und damit auch die Technik der Astralreisen.

7. Lotusblüten-Meditation

Im Hinduismus, Buddhismus sowie in alten ägyptischen Religionen war Lotus sehr verehrt. In allen drei Religionen können wir an vielen Skulpturen, an vielen Gemälden sehen, dass Gottheiten aller drei Religionen entweder eine Lotusblüte in der Hand halten, aus der Lotusblüte geboren wurden oder einfach bei einer Lotusblüte sitzen. Dies ist kein Zufall: Die Lotusblüten-Meditation ist eine der ältesten Techniken, die für spirituelle Entwicklung gedacht war.

Diese Meditation ist an sich relativ einfach:

In unserem Sonnengeflecht befindet sich ein sehr wichtiges Zentrum, das wir heutzutage als das dritte Chakra ansehen. Es ist das, was die Menschen der heutigen Zeit als Bauchgefühl kennen.

Man stellt sich in dieser Meditation eine weiße Lotusblüte vor, die in diesem dritten Chakra langsam wächst. Man stellt sich vor, wie man dem dritten

Chakra Lotus-Samen gibt und sich in jeder Meditation um diese Lotusblüte kümmert.

Die Lotusblüte sollte in der Meditation, wie auch am Tag mit Liebe und Dankbarkeit „gegossen" werden und so soll ständig wachsen und sich immer mehr entwickeln.

Im Idealfall wird die Lotusblüte in unserer Vorstellung so groß sein, dass sie unseren ganzen Körper umhüllt. Es ist keine leere Vorstellung – das Chakra fängt an sich zu entwickeln und uns für höhere Energien zu öffnen. In unserem dritten Chakra, wo unser Sonnengeflecht ist, ist unsere Seele angesiedelt (nicht in unseren Herzen). Natürlich ist die Seele da in anderen Dimensionen. Unsere Seele ist die Tür zu höheren Dimensionen, die Tür zu Gott! Je mehr Liebe und Dankbarkeit wir auch durch diese Türe schicken, je mehr Liebe kommt von anderen Dimensionen durch unsere Seele zu uns!

Die Lotusblüte ist wirklich sehr interessant:

Ihre Samen können über 1000 Jahre halten und danach immer noch aufblühen. Die Lotusblüte ist also eine sehr zähe Blüte – und nicht nur das: Die heutige Nanotechnologie hat von den Lotusblüten viel gelernt. Denn die Lotusblüte wächst an schmutzigen Gewässern und Schlamm, bleibt davon aber unberührt. Egal, wie viel verunreinigtes Wasser oder Schlamm die Lotusblüte also treffen, es perlt von ihrer Oberfläche ab. Durch die Forschung an der Lotusblüte ist die Nanotechnologie entstanden. Unsere Seele bleibt sinnbildlich wie die Lotusblüte von dem Schlamm der materiellen Welt unberührt. Durch die Konzentration auf unser 3. Chakra und die Vorstellung der Lotusblüte öffnet sich das Chakra und unsere Zentren harmonieren danach. Das Ziel ist, sich nicht nur während der Meditation auf die Lotusblüte zu fokussieren, sondern auch untertags. Da das Zentrum sehr stark auf negative und positive Schwingungen reagiert, können wir sie durch unser Bauchgefühl erkennen bzw. wir werden dadurch auf die Schwankungen aufmerksam gemacht.

Die Lotusblüte wird auf unsere Energie-Zentren zugreifen und unsere Aura schützen. Deswegen ist diese Meditation so wichtig. Wenn man sich lange genug auf die Lotusblüte konzentriert, fängt unsere innerliche Lotusblüte an, zu leben, und wird unseren Astral-Körper mit Energie versorgen und auch mit gewissen Klängen. Diese Klänge reinigen das gesamte Energie-System und helfen, uns mit unserer Seele zu verbinden. Wenn Gedanken kommen, dann beobachtet man diese nicht, sondern kehrt zurück zu seiner eigentlichen Konzentration. Wenn man diese Meditation lange genug übt, wird die Verbindung zur Seele und somit zur eigenen tiefen Weisheit und zum eigenen Göttlichen Ich immer größer. Bei dieser Meditation geht es darum, durch Liebe und Dankbarkeit in einen gedankenlosen Zustand zu gelangen und diesen auch am Tag, nicht nur während der Meditation, halten zu können!

Welche Position eignet sich zum Meditieren?

Je tiefer du in dich gehen möchtest, umso stabiler solltest du sitzen oder liegen. Meditation ist neu für dich? Du bist unruhig? Dann meditiere bei langsamen Spaziergängen. Auch hier sind Beobachtung und Introspektion (Selbstreflexion) möglich. YogaÜbungen eignen sich ebenfalls gut, um mit dem Meditieren zu beginnen.

Beobachte deine inneren Prozesse. Besinne dich auf dein Inneres. Das geht, wenn man langsam einen Schritt vor den anderen setzt, oder sachte YogaÜbungen absolviert. Willst du tiefer gehen? Dann ist eine stabile Position sehr wichtig. Nimm die LotusPosition ein. Setz dich aufrecht hin. Die Beine sind verschränkt, die Fersen liegen auf den Oberschenkeln. Ist dies noch unangenehm für dich? Dann setze dich einfach aufrecht hin. Spüre den Boden. Die Lotus-Position ist dein Anker mit dem Boden – du könntest jetzt einschlafen und würdest dennoch nicht umfallen.

Ratschläge für Fortgeschrittene – Meditation lernen

Eine Einheit bilden

Kontinuierlich dranzubleiben ist zu Beginn die größte Herausforderung. Dranzubleiben. Täglich zu meditieren. Es von der Routine in eine Gewohnheit übergehen zu lassen, zu meditieren.

Mit der Zeit wirst du erkennen, wie gut das tägliche Meditieren tut. Ähnlich wie Zähneputzen oder Duschen ist es, eine Reinigung – eine innerliche: jeden Tag im Einklang mit sich selbst und der Umgebung zu sein. Oft sagen Kopf, Herz und Körper unterschiedliche Dinge. Durch regelmäßige Meditation bilden diese unterschiedlichen Teile meines Selbst wieder eine Einheit.

Es wird klar,
- was man will.
- was einem guttut.
- wohin der eigene Weg führt.
- was einem wichtig ist.

Was ist der Sinn und Zweck meines Lebens? In welche Richtung will ich mich bewegen? Darauf gibt die Meditation durch innere Einkehr Antworten.

Innere Ruhe bewahren – loslassen

Zu Beginn kreisen die Gedanken. Sie wiederholen sich. Sie tauchen immer wieder auf. Loslassen hilft, um die innere Ruhe wieder zu erreichen. Nicht alles, was uns beschäftigt, können wir ändern. Manche Dinge betreffen mich persönlich, andere sind abhängig von äußeren Faktoren. Es ist wichtig, die Dinge, die Punkte, die ich nicht beeinflussen kann, an höhere Mächte abzugeben. Wenn ich zum Beispiel ständig darüber nachdenke, dass ich zu wenig oder kein Geld habe und mir das energieraubende Angst macht, kann ich diesen Gedanken in zwei Bereiche aufteilen.

Und zwar in:

•   Das kann ich ändern. Ich habe diese Möglichkeiten, etwas zu tun.

•   Das kann ich nicht ändern. Ich habe die Möglichkeiten nicht, etwas zu tun. Ich gebe es den höheren Mächten ab.

Wenn ich dies regelmäßig in der Meditation mache, dann kommt irgendwann die Stille. Der gedankenlose Zustand. Dann habe ich Zugang zu meinen inneren Kräften, die mir selbst noch nicht bewusst sind. Wichtig ist es, in der Meditation zu erkennen, dass ich mich auf verschiedene Gedankenstrukturen einstimmen kann. Wie ein Radio, das auf eine bestimmte Frequenz gestellt wird. Wichtig ist, zu erkennen: *DAS BIN NICHT ICH. ICH BIN* Bewusstsein, dass das Ganze beobachten kann. Dieses Bewusstsein kann wählen, wie es auf gewisse Dinge reagieren möchte.

Wenn man sich daran gewöhnt hat, täglich zu meditieren, stellt man fest, dass dies verschiedene Tiefen und Qualitäten hat. Dies hängt von unserem täglichen Tagesablauf ab. Wenn ich mich stressen lasse, mich von meinem Chef, Kind, Frau, Mann unter Druck gesetzt fühle, dann hat die Abendmediation eine ganz andere Wirkung und Tiefe, als wenn ich den Tag in Ruhe und Gleichgewicht verbracht habe.

Wenn man in der Mediation tiefer und weiter gehen möchte, sollte man darauf achten, wie man den Tag verbringt, wie man reagiert oder nicht reagiert, was man zulässt oder nicht zulässt. Wer noch tiefer gehen will, der kann die Meditation über den Tag ausdehnen. Das bedeutet nicht, den ganzen Tag abwesend durch die Gegend zu laufen, sondern ich richte einen Teil meiner Aufmerksamkeit ständig nach innen und frage mich, in welchem Modus ich mich befinde.

Hat es mir Angst gemacht, was mein Chef gesagt hat? War ich verärgert, weil jemand im Straßenverkehr nicht so reagiert hat, wie ich das wollte? Wenn man eigene Reaktionen am Tag beobachtet, täglich, und sich gleich in Balance bringt, dann wird es in der Abendmeditation einfacher, in noch tiefere Ebenen vorzudringen und diese zu erreichen.

Wer schon länger meditiert, wird dies bereits festgestellt haben. Zu Beginn ist es nicht wichtig, ob man sitzend oder liegend meditiert. Je länger und öfter man meditiert, umso mehr muss man aber aufpassen, dass zum Beispiel der Rücken gerade ist. Oder dass man langsam, aber sicher das Gefühl vom Körper loslässt (das ich nicht im Bewusstsein „nur" Körper bin).

Wichtig ist es, im Lotussitz oder auch im Liegen zu meditieren. Wenn mein Bewusstsein sich löst oder ich mich tiefer ins Unterbewusstsein oder in

Astralebenen begebe, dann kann ich den Kontakt zu meinem Körper verlieren. Im Lotussitz oder im Liegen ist der Körper in einer „Schlafposition", ohne zu schlafen.

Meditieren ist wie Schlafen. Allerdings ist man sich dessen, was um einen herum geschieht, bewusst.

Anfangs wirst du noch Musik benötigen, um zu entspannen, nach einem stressigen Tag. Im Lauf der Zeit wirst du aber merken, dass man auch ohne Musik und überall meditieren kann. Unabhängig vom Außen. So kann man erkennen, wie tief man bereits meditieren kann.

Geht es nur dort, wo es ganz ruhig ist? Oder kann ich auch an den Orten meditieren, wo Geräusche und Lärm vorherrschen? Wenn die Meditationsqualität von äußeren Dingen unabhängig ist, dann weiß man, dass man Fortschritte gemacht hat.

1. Wie glücklich kann ich durch den Tag gehen?
2. Wie viel Leichtigkeit ist in meinem Tun?
3. Wie reagiere ich in kritischen Situationen?

Wie reagiere ich in Besorgnis erregenden Umständen? In einer schwierigen finanziellen Situation, bei Verlust des Jobs, gesundheitlichen Problemen?

Wenn man in solch kritischen Situationen Ruhe bewahren kann, sieht man die Dinge gelassener. Natürlich spürt man Traurigkeit oder Wut. Gefühle muss man zulassen. Dennoch kann man derartige Zustände mit Gelassenheit und Demut annehmen. Ist dies der Fall? Dann sind Sie in ihrer Bewusstseinsarbeit sehr weit.

Dinge anzunehmen, die man nicht ändern kann. Wer das kann, geht in die richtige Richtung. Das kann Meditation bewirken. Je tiefer man in der Meditation geht, umso intensiver erfährt man, erlebt man, weiß man. Wer sie als mystische Erfahrung kennen gelernt hat, erfährt, dass man nicht nur dieser Körper, diese Gedanken und Gefühle ist, sondern eine ewige Seele, die von einem Leben zum anderen geht. Es hilft nicht, es nur zu glauben. Man muss so tief gehen und es erleben. Das ist wichtig. Das eigene Erleben in und mit der Meditation.

Sind Visionen in der Meditation wichtig?

Menschen sind unterschiedlich. Und jeder reagiert anders auf Meditation und Magie. Manche Menschen sehen sehr viel. Sie haben Visionen und Eingebungen. Sie nehmen Licht wahr. Den Erzengel Gabriel oder den Erzengel Michael. Sie kommunizieren mit diesen. Sie bewegen sich in Astralebenen. Andere Menschen fühlen und spüren zu Beginn des Meditierens nichts. Manche auch nach Jahren nicht. Ist das wichtig?

Es ist nicht relevant, ob jemand Visionen hat oder nicht. Die Astralebene ist mit dem Internet vergleichbar: Im Internet kann ich viel Nützliches finden, aber auch viel Unfug und Unsinn. In der Astralebene ist es ähnlich. Wenn zum Beispiel dort jemand mit Erzengel Gabriel gesprochen hat, was konnte er Wichtiges erfahren?

War es eher allgemeiner „Smalltalk"? Oder hat ihm jemand erzählt, wie Pyramiden gebaut werden? Ist all dies relevant für das eigene Leben?

Visionen sind, wie sie sind. Nicht gut und nicht schlecht. Jede Vision ist eine Information. Ist Energie. Wichtig ist, was man damit macht.

Manche Menschen entwickeln durch die Gabe, leicht zu anderen Ebenen zu gelangen oder Visionen zu haben, einen spirituellen Egoismus. Sie fühlen sich als etwas Besseres im Vergleich zu anderen, die dies (noch) nicht können.

Dadurch gerät man im normalen Leben in eine Schieflage.

Hat Erzengel Gabriel jemandem gesagt, er sei zu etwas Besserem bestimmt als zu dem, was er im Moment mache und derjenige kündigt unüberlegt seinen Job, was sind die Konsequenzen?

Im schlimmsten Fall hat derjenige keine Arbeit mehr und muss von Hartz IV leben. Ist das besser? Was hat die Gabe, mit dem Erzengel Gabriel zu sprechen, also wirklich gebracht?

Es ist nicht entscheidend, ob jemand Visionen hat.

Es ist vielmehr entscheidend: wie man in kritischen Situationen reagiert – gelassen oder nicht?

- *wie freudig und glücklich ich bin.*
- *wie lange ich im gedankenlosen Zustand verweilen,*

- *wie gut ich meine Gedanken stoppen und innere Ruhe finden kann,*
- *wie nützlich die Visionen und Informationen sind, die ich dadurch bekomme – für mich und für andere.*

Habe ich etwas Relevantes erfahren? Kann ich durch die Vision eine Inspiration für mein Buch, Lied, meine Arbeit erhalten?

Wenn ich durch die Meditation ähnlich wie Eckhart Tolle und Neale D. Walsch inspiriert werde, Bücher zu schreiben oder Musik zu komponieren, wenn ich neue Lösungen sehe, wie ich meine Lage ändern kann oder wie andere ihre Situationen verbessern können, dann sind Visionen eine wundervolle Gabe. Auf dem spirituellen Weg soll sich das Ego verringern, das Vergleichen und Beurteilen wegfallen. Natürlich bleibt das Ego zu einem gewissen Teil bestehen. Das ist völlig in Ordnung, sonst könnten wir uns als getrennte Wesen nicht wahrnehmen. Doch es ist wichtig, unser Ego in seine Schranken zu weisen – durch Witz und Selbstironie.

Ein westlicher Mensch fragte einen buddhistischen Mönch, was die Lehre Buddhas sei. Er habe eine Minute Zeit für die Antwort. Der Mönch antwortete, dass er keine Minute benötige. Ein Satz dafür genüge: „Kein Ego – kein Problem!"

Dies ist der spirituelle Weg.

Eine andere Geschichte handelt von zwei Schülern, die bei zwei verschiedenen Meistern gelernt hatten. Jeder Schüler versuchte, nur das Beste über seinen Meister zu erzählen.

Der eine meinte:

„Mein Meister ist so groß – wenn er an der einen Uferseite steht und die Hand bewegt, fühlst du diese Ohrfeige, obwohl du auf der anderen Uferseite bist."

„Was kann dein Meister alles machen?", fragte er den anderen. Dieser antwortete: „Mein Meister, weißt du, wenn er schläft, dann schläft er, wenn er liest, dann liest er und wenn er isst, dann isst er." Das ist die Meisterschaft. Im Hier und Jetzt zu sein. Ohne Probleme zu bilden. Das ist das Ziel, das man mit Meditation erreichen kann. Es geht nicht darum, wer Visionen hat. Oder übernatürliche Kräfte. Auch, wenn diese sich in gewissem Maß zeigen werden. Es geht um Selbsterkenntnis.

Eine weitere Geschichte: Der Schüler fragt seinen Meister: „Was soll ich machen, um die Erleuchtung zu sehen?" Der Meister antwortete: „Die Erleuchtung ist bereits hier und jetzt bei Dir." Der Schüler meinte, er sehe sie aber nicht. Und wenn er sie nicht sehe, frage er sich, ob der Meister sie sehen und erreichen könne. Der Meister antwortete: „Weißt du, die Erleuchtung ist da, wenn die Begriffe ich, du, er, usw. keine Bedeutung mehr haben und sie nicht existieren."

Der Erfolg der Meditation ist messbar. Durch Beobachtung, wie stark das Ego noch ist. Kontrolliert es uns noch? Oder haben wir es im Griff? Meditation ist dann erfolgreich, wenn du in jeder Situation gelassen bleibst. Und wenn du spürst, wie du in die eigene Mitte findest. Egal, was um dich herum geschieht. Egal, wie das Außen sich zeigt.

„Du solltest täglich 20 Minuten meditieren.
Es sei denn, dass du zu beschäftigt bist,
dann solltest du eine Stunde meditieren." Zen-
Sprichwort

Introspektion (Selbstreflexion) als Meditation

Ich sprach auf vorangegangenen Seiten über die Vorteile der Meditation, ich versuchte, zu erklären was Meditation ist und was sie nicht ist. Ich habe Meditation mit gedankenlosem Bewusstsein und der Fähigkeit, beiseite zu gehen und eigene Gedanken zu beobachten, verbunden. Verbesserungen in diesem Bereich können nur durch die Praxis erreicht werden, keine Erklärung, keine Anweisungen können genug helfen.

Die effektivste Hilfe ist die Anleitung von jemandem, der dies bereits erreicht hat. Die positiven Ergebnisse in diesem Bereich gehen über die Fähigkeit, unseren Geist zu kontrollieren. Wir alle sind einzigartige

Persönlichkeiten, voller eigener Fähigkeiten und auch Grenzen. Einige Leute betrachten eigene Gedanken leicht, andere Leute mit Stärke haben die Fähigkeit, den Strom der Gedanken für einen bestimmten Zeitraum zu stoppen. Es gibt aber auch Menschen, die nicht (vor allem am Anfang) ruhig sitzen können oder nicht in der Lage sind, gedankenloses Bewusstsein zu erreichen. Diese Menschen können demotiviert sein und sich selbst sagen: „Das funktioniert einfach nicht bei mir."

Es gibt jedoch auch für diese Menschen einen Weg, wie sie Ergebnisse erreichen können. Das Werkzeug ist Selbstbeobachtung. Introspektion (Selbstreflexion) ist definiert als „Untersuchung oder Beobachtung der eigenen mentalen und emotionalen Prozesse." Die meisten Menschen haben Probleme mit der Kontrolle der Gedanken, weil sie nicht wissen, wie ihre innere Welt funktioniert. Wenn wir zum Beispiel sehr gestresst sind, können wir einfach nicht aufhören, zu denken. Warum? Unser Verstand betrachtet eine Lebenssituation als Notfall und muss sich auf diese Situation Tag und Nacht konzentrieren, denn „sich nicht darauf zu fokussieren", könnte Leben gefährden!

Kenn dich selbst! Suche nach den Antworten: "Warum ist diese Situation so stark? Ist dieser Stress oder diese Angst real? Ist dies wirklich ein Notfall? Was wird mit mir geschehen, wenn mein Albtraum wahr wird?" Die Antworten auf diese Fragen können die Realität verraten und vielleicht erkennst du zuweilen, dass einige Situationen doch nicht so gefährlich für dich sind und du daher doch entspannter sein kannst – dein Geist muss vielleicht nicht so sehr auf etwas Bestimmtes konzentriert werden. Dann wird auch dein Gedankenfluss nicht so intensiv sein.

Oder es gibt ein anderes Extrem, einen Traum, den wir haben. Wenn wir etwas sehr wollen und wünschen, denken wir immer wieder über die Situation nach, wir spielen diesen Film über das gewünschte Ergebnis wieder und wieder ab. Auf diese Weise, obwohl es um positive Gefühle geht, denkt unser Verstand zu viel. Es gibt keinen Raum für Frieden dort. Unsere Nerven können nicht entspannen und die Realität unseres Lebens ist wieder im Nebel der Gedanken bedeckt. Introspektion (Selbstreflexion) kann in so einem Fall sehr wertvoll sein: Wissen und Frieden. Das ist meine eigene Erfahrung. Mehr Wissen über mich ist in mir, ich bin mir der Realität bewusst, mehr Frieden kommt. Und als Ergebnis davon ist mein Geist automatisch ruhiger, ich habe keine Notwendigkeit, zu viel über das Leben nachzudenken, und so ist meine Vision klarer. Gedankenloses Bewusstsein kommt ohne besondere Anstrengung, denn „es gibt nichts zu denken".

Introspektion (Selbstreflexion) ist eine Art der Vormeditation.

Das heißt: Wenn jemand regelmäßig meditiert, stellt er fest, dass die Qualität der Meditation davon abhängt, wie positiv oder negativ man durch den Tag gegangen ist. Welche Gedanken man hegte, positive oder negative. Wenn man also einen „Scheiß-Tag" hinter sich hat, dann braucht man die Meditation eigentlich nur dazu, mit diesen Gedanken fertig zu werden. Dann benötigt man die Zeit der Meditation zur Introspektion (Selbstreflexion), um mit diesen negativen Gedanken fertig zu werden. Die Introspektion hilft in diesem Fall, festzustellen, welche Fehler ich z.B. bei meinen Gedanken mache oder gemacht habe und stellt einen neuen Gegengedanken dazu auf.

Es gibt verschiedene Fehlergedanken und ich versuche, hier einige aufzuzählen (alle zu benennen, würde hier den Rahmen sprengen). Für die Übungen, die hier beschrieben sind, oder Gedankengänge, die hier aufgeführt sind, braucht man keine Meditation in dem Sinne, dass man liegt oder sitzt und sich nur mit sich selbst befasst. Vielmehr kann man solche Introspektion auch beim Autofahren, im Zug, eigentlich überall machen, wo man mindestens mit einem Teil seiner Aufmerksamkeit nach innen gehen kann, um zu schauen, was in einem vorgeht.

1. Gedankenfehler: Schuldgefühle

Wenn man für etwas Schuldgefühle hat, bedeutet dies, dass sich die Sache / das Thema immer wieder wiederholen wird. Warum?

Worauf wir unsere Aufmerksamkeit richten, wird wachsen. In diesem Mentalen ist es egal, ob es eine JA- oder NEIN-Struktur ist. Beispiel: Ein Kind lernt Fahrrad fahren und die besorgte Mutter ruft: „Pass auf den Stein auf, der da mittig auf der Straße liegt!" Klar wird sich das Kind dies merken, ängstlich werden und somit den Fokus auf diesen besagten Stein legen, sodass es tatsächlich auf diesen Stein zusteuern wird. Was passiert? Die Mutter schimpft, dass es nicht auf sie gehört hat usw. Das Kind wird denken, es hat einen Fehler gemacht und sich die Schuld geben. Dies kann man auf jede Situation im Leben übertragen. Wenn man etwas nicht darf, dann wird man genau dorthin die Aufmerksamkeit lenken und es trotzdem tun. Auch hier ist weder das JA noch das NEIN ausschlaggebend. Es entstehen Schuldgefühle, die sich in dieser Form immer wiederholen werden.

Der Gegengedanke von Schuldgefühlen ist – es gibt nichts, wofür wir Schuldgefühle hegen sollten. Alles ist menschlich und menschlich ist es auch, Fehler zu machen. Fehler sind ein Teil des Erfolges! Erst nach vielem Scheitern kann man, in dem, was man übt, zum Meister werden. Hier gilt das Sprichwort: „Übung macht den Meister!"

Weitere Möglichkeiten von diesen mentalen und negativen Strukturen ist:

2. Dinge persönlich nehmen

Beispiel: Der Chef hat schlechte Laune und kritisiert die Assistentin. Letztendlich hat diese Kritik nichts mit der Assistentin oder ihrer Arbeit zu tun, sondern der Chef ist nur „schlecht" gelaunt, weil er selbst vielleicht unter Druck steht oder seine Arbeit nicht geschafft hat. Kritik ist nie persönlich und ist nie auf das Gegenüber als Menschen bezogen. Du denkst zwar, wenn du in dieser Form kritisiert wirst, du wärst ein schlechter Mensch. In Wahrheit bedeutet dies aber, dass man darüberstehen und sich fragen sollte: „Sind die Worte angemessen? Hat die schlechte Laune tatsächlich mit mir zu tun?"

3. Abstempeln – sich selbst oder andere ver- / beurteilen

Du sagst dir zum Beispiel: „Ich schaffe das eh nicht. Ich war immer gut in Mathematik, aber nie in Sprachen, ich werde Deutsch nie erlernen", oder aber du denkst, dass alle „Schwarzen" Betrüger sind, oder „Weiße" gnadenlos und herzlos sind. Solche Verallgemeinerungen in verschiedensten Variationen erzeugen negative Gefühle. Negative Muster finden sich bei emotionalem Handeln wieder – viele nehmen ihre eigene Emotion als Maßstab.

Beispiel: „Ich fühle, dass dieser Mensch schlecht ist, also ist er dies auch." Oder: „Heute Morgen habe ich ein schlechtes Gefühl, also wird heute etwas Schlimmes passieren."

Man muss sich gegen solch „schlechte" Gedankengänge wehren und NEIN zu ihnen sagen. Nur, weil jemand selbst schlechte Laune oder ein schlechtes Gefühl hat, heißt es nicht, dass auch tatsächlich etwas Schlechtes passiert, oder dass vielleicht jemand anderes diese Laune noch abbekommt. Es hat meistens andere Ursachen, wie z.B., dass man zu wenig oder nicht genügend Energie hat, oder dem Körper Vitamine fehlen, oder jemand hat zu wenig Ruhezeiten, zu wenig oder schlecht geschlafen, usw.

4. Muss-Denken

Was man mit der Introspektion (Selbstreflexion) beseitigen kann, ist das Muss-Denken:
„Ich muss dieses oder jenes schaffen. Ich muss eine gute Mutter sein. Ich muss das schaffen, wenn ich das nicht schaffe, bin ich nichts wert." In diesem Leben gibt es kein Muss. Es gibt „Ich möchte" und / oder „Ich mache alles, was in meiner Macht steht". Jedes Muss oder „Ich darf nicht" erzeugt zu viel emotionale Spannung, die dann zu emotionaler Negativität führt.

5. Des Weiteren sind Gedankenfehler: „Übertreiben" und „Untertreiben"

Viele Menschen denken: „Weil ich dieses oder jenes erlebt habe, schaffe ich dieses oder jenes nicht. Ich habe es bereits zehnmal versucht und es funktioniert trotzdem nicht." Oder: „Habe auf meiner Arbeitsstelle Fehler gemacht und werde jetzt deswegen entlassen."

Oder: „Andere benötigen für die Lösungen eine Woche, ich aber bin bereits seit zwei Wochen dran und zu nichts fähig." All diese Über- wie Untertreibungen erzeugen wieder Negativität und sollten in der Introspektion beseitigt werden.

6. Voreilige Schlussfolgerungen

Bei diesen negativen Gedanken – voreilige Schlüsse ziehen – verhält man sich bereits wie ein Wahrsager und denkt, im Vorhinein zu wissen, wie alles sein wird.

Beispiele dafür sind Sehen von schwarzen Katzen oder Freitag der 13. Aus bösem Aberglauben meint man bereits im Vorhinein, dass etwas Negatives passieren wird.

Hier wiederhole ich nochmals: Wenn man sich auf Negatives fokussiert und allein, nur durch die Gedanken, seine ganze Aufmerksamkeit daraufsetzt, zieht man es an. Deswegen ist es wichtig, bei der Innenschau darauf zu achten und sich klarzumachen:

„Was noch nicht passiert ist, wird auch nicht passieren. Ich werde alles daransetzen und das Beste aus dieser Situation ziehen."

7. Abwerten von Positivem

Einer der wichtigsten Gedankenfehler, die zu vermeiden sind: Es gibt Menschen, die 100 Gründe haben, sich zu freuen, doch auch immer einen Grund finden, um doch zu meckern. Hier ist es eine Frage des Willens, ob man 100 Gründe sieht und sich freut oder einen Grund aus diesen 100 herauszieht, um es nicht zu tun.

Im Grunde ist keine Situation positiv oder negativ. Sie ist, wie sie ist – es geht darum, für sich das Beste aus einer Situation herauszuziehen und nicht den Fokus auf die negativen Dinge zu setzen und sich darauf zu konzentrieren. Das beste Beispiel ist das Glas Wasser: Ist es halb voll oder halb leer? Es ist beides! Der Unterschied liegt darin, welches Gefühl sich durch meine Sicht und meinen Fokus auf dieses Glas in mir ergibt.

Was klingt für dich besser? Halb voll oder halb leer? Verstehst du?

8. Denken in „Alles oder Nichts"

Ein ebenso großer Gedankenfehler und eine Art von Übertreibung. Beispiel: Ein Student hatte immer die Noten 1 und 2, fällt aber irgendwann bei zwei Prüfungen durch. Er denkt, er sei zu nichts fähig und dass sein ganzes Studium doch keinen Sinn mache. Dieses Alles-oder-Nichts-Denken und nur wegen des Nichtbestehens der Prüfungen alles über Bord zu werfen, ist Perfektionismus.

Das heißt nicht, dass man für Dinge nicht sein Bestes geben und sich nicht bemühen sollte, alles sozusagen „perfekt" zu machen, jedoch sollte man dabei verstehen, dass nichts je perfekt sein wird. Es gibt viele bekannte Lieder, die vom Songschreiber selbst nie als „perfekt" und „vollständig" gesehen wurden. Meistens fehlte ihnen die Zeit, weiterhin daran zu arbeiten. Egal, was man erstellt, es ist nichts zu schaffen, das jemals an einem Punkt absolut perfekt ist.

Damit sollte man sich abfinden, sich selbst eingestehen, das Bestmögliche getan zu haben, und den Perfektionismus loslassen.

9. Übertriebenes Verallgemeinern

Eine verliebte Frau wird vom Partner verlassen. Sie denkt nun, alle Männer seien grausam, würden nur an Sex denken und sie wird nie wieder einem Mann vertrauen. Bedenke auch hier, dass das Verhalten von deinem Gegenüber nichts mit dir zu tun hat. Wenn du loyal, liebenswert und verständnisvoll in dieser Partnerschaft warst und dennoch verlassen wirst, dann glaube mir, dass es nichts mit deiner Person, sondern mit der anderen zu tun hat. Eine sehr gute Möglichkeit und Übung ist mentales Filtern. Das bedeutet, dass jeder die Realität sieht, wie er sie sehen soll. Doch bei jedem sind mentale Filter entweder schwächer oder stärker ausgeprägt: Es gibt Menschen, die durch diese Filter nur Negatives sehen, andere wiederum eher alles positiver sehen oder sehen wollen. Eine Frau, die schön und klug ist, jedoch keine sportliche Figur hat, beim Sportunterricht immer verspottet wurde und sich dies viel zu sehr zu Herzen nimmt, anstatt sich selbst diese Schwächen einzugestehen und diese zu minimieren, wird sich in allem nicht als schön und klug sehen. Das wäre dennoch positives mentales Filtern: dass man sich nicht auf die Schwächen konzentriert, sondern die anderen guten Dinge hervorhebt. Die Auflistung von möglichen Gedankenfehlern, die man bei der Introspektion beobachten kann, ist, so denke ich, endlos. Dies sind nur einige Beispiele, die im Großen und Ganzen bei den meisten Menschen vorkommen.

Jeder sollte mit sich selbst am ehrlichsten sein, welches der für ihn schwierigere Part in der Meditation ist, wenn man Fortschritte machen will. Sich selbst den Spiegel hinhalten, hineinschauen und zugestehen, warum man wie denkt. Wie kann ich diese negativen Denkmuster, die ich erzeugt oder abgeschaut habe, abstellen und durch positive Denkmuster ersetzen? Wie kann ich sie ändern? Dies ist nicht einfach und benötigt seine Zeit. Jeder, der Fortschritt in der Meditation erreichen möchte, ist mit sehr viel Arbeit verbunden. Von dieser Arbeit hängt es ab, ob der Meditierende Fortschritte macht. Es bedeutet, mit sich selbst ehrlich zu sein, ehrlich in die Introspektion (Selbstreflexion) zu gehen und die innere Rückschau bzw. den Spiegel und die inneren Gedankenstrukturen zu betrachten. Zu fragen, ob dieses Gedankenmuster mich hindert oder ob es nützlich für mich ist, oder ob es mich gar so fesselt, dass ich mich nicht weiterentwickeln und nicht freudig durch die Tage gehen kann.

Bei den letzten erwähnten Gedankenmustern, die uns negativ beeinflussen, ist es wichtig zu erwähnen, dass durch sie keine tiefe Meditation möglich ist, da diese Gedanken sich so lange abspielen und wiederholen werden, bis derjenige sie selbst stoppt und durch andere, positive Gedankenstrukturen ersetzt.

Dagegen ankämpfen wird nicht weiterhelfen, wohl aber die Aufmerksamkeit davon abzuziehen, sie auf positive Gedankenstrukturen zu lenken und sich diese so lange vorzusagen, bis sie ins Unterbewusstsein eindringen.

Beispiel: „Ich darf Fehler machen, weil ich Mensch bin und durch jeden Fehler komme ich weiter. Es geht nicht darum, wie viele Fehler ich mache, sondern wieviel ich an Ihnen gelernt habe und ob ich es immer besser mache."

„In der Stille findest du die Idee, die dich weiterbringt."

Meditation–Abgrenzung–Arten der Abgrenzung

Es gibt verschiedene Arten der Abgrenzung. In einem schönen Buch über Yoga habe ich einmal Folgendes gelesen: Gebet: „Ich spreche zu Gott." Meditation: „Ich höre Gott zu."

Das heißt, bei einem Gebet formuliere ich zum Beispiel meine Wünsche oder Sorgen. Bei der Meditation versucht man seine Gedanken abzuschalten und sich von einer höheren Quelle helfen zu lassen. Eine weitere Art der Abgrenzung ist die Trance und die Ekstase. Man kann verschiedene Meditationstechniken zusammen mit Atemübungen anwenden, Trance und Ekstase benutzt man in der Magie sehr weitläufig, denn jedes magische Ritual wird in einem veränderten Bewusstseinszustand vollzogen.

Die Meditation soll jedoch in den meisten Fällen nicht den Zustand einer Trance oder einer Ekstase hervorrufen. Wenn man sich in Trance oder Ekstase befindet, ist man sozusagen auf einer Astralreise. Das bedeutet, man verliert sein Bewusstsein und lässt sich zu einer höheren Quelle leiten.

Dies ist während einer Meditation nicht immer der Fall. Es ist dann keine Trance oder Ekstase. Man ist währenddessen nur sehr ruhig, entspannt und gelassen.

Noch eine Abgrenzungsart ist die spirituelle Besetzung: Diese benutzt man sehr oft beim Voodoo.

Sie bedeutet, dass man seinen Körper freigibt an einen anderen Geist, eine Gottheit oder eine Energie, um gewisse Informationen zu erhalten. Die spirituelle Besetzung führt man in der Magie niemals allein durch.

Sie sollte immer unter Beobachtung eines anderen Magiers stattfinden. In der Meditation ist dies nicht so, denn man soll seinen Körper nicht für eine andere Identität freigeben.

Meditation-Definition: Unter den Begriff „Meditation" fallen viele verschiedene Techniken, die nicht nur von der Kultur oder jeweiligen Religion abhängen, sondern auch verschieden ausgedeutet werden können.

Als Beispiel: Die Auffassung der Meditation im Zen ist eine ganz andere als in der christlichen Meditation, und selbst innerhalb der erstgenannten Lehre des Zens gibt es mehrere Unterscheidungen. ZenMeditation kann bedeuten, sich auf ein Koan (Kurzgeschichte oder Rätsel) zu konzentrieren, oder auch auf ein Mantra.

Weiter kann auch die starke Konzentration auf den Atem gemeint sein, wie auch die weniger starke Konzentration oder Achtsamkeit, wo der Meditierende alles Äußere um sich wahrnimmt: Bei letzterer Meditation kann der Meditierende alles um sich herum wahrnehmen; wo dennoch diese Konzentration durch gewisse Gedankenprozesse gestört sein kann, beachtet er dies nicht als Problem.

Deswegen kann man nicht genau sagen, was Meditation ist, weil sie von der jeweiligen Religion und Kultur abhängt. Man kann nur auf verschiedene Arten der Meditation hinweisen, wobei jeder das auswählen kann, was ihm in seinem jetzigen Entwicklungsstand weiterbringt.

Die Tiefe der Meditation eines erfahrenen Mönchs, der sein ganzes Leben der Spiritualität gewidmet hat und ausgereifte Techniken benutzt, wird sich natürlich unterscheiden von derjenigen eines „Anfängers", der 10 Stunden arbeitet und 20 Minuten meditiert, um abzuschalten und ganz andere Meditationstechniken benutzt.

Zur Meditation gehören bestimmte Entspannungstechniken, Relaxation, wo es nicht nur um Entspannung geht, sondern auch um Bildung von Lebensenergie, Chi oder Prahna. Es geht darum, innere negative Gefühle zu analysieren, z.B. Zorn oder

Hass, und gleichzeitig andere positive Gefühle zu erhöhen und zu stärken, wie z.B. Mitgefühl, Großzügigkeit, Geduld usw.

Im höheren Stadium der Meditation geht es darum, dass man in den gedankenlosen Zustand kommen und in ihm verweilen oder dass man die 1-PunktKonzentration sehr lange halten kann. Es ist nicht ausschlaggebend, auf was die Konzentration dabei gelegt wird. Es kann das Atmen, das magische Sigill oder ein Mantra sein. Es geht darum, sich mit

Gott durch Liebe und Dankbarkeit zu verbinden und diese Verbindung auch am Tag zu halten!

Im höchsten Stadium der Meditation kann der Meditierende feststellen, dass er nicht nur Körper, Gedanken und Gefühle ist, sondern auch Bewusstsein. Es geht dann darum, dass dieses Bewusstsein sich selbst beobachten kann und der Beobachtungsprozess mit dem Beobachtenden eins wird. Dies sollte das Ziel der Meditation sein, die zur Erleuchtung und weiteren höheren Zuständen führen soll. Wie ich bereits erwähnt habe, sind die moderne Psychologie oder Achtsamkeitstraining ein wenig anders als die Meditation: In Achtsamkeitsübungen geht es mehr darum, bewusst im Hier und Jetzt zu sein. Achtsam zu sein bedeutet, den Fokus auf das zu setzen, was man gerade im Moment tut und nicht zu viele Gedanken zu haben, die einen ablenken oder daran hindern, im Hier und Jetzt glücklich zu sein.

Zur Meditation gehören auch Gebetsketten oder das Wiederholen von Mantras, die in jeder Tradition zu finden sind. Diese Mantraketten haben im Hinduismus 108 Kettenglieder, hier wiederholt man 108-mal z.B. den Namen von Shiva. Im Islam sind es die 99 Namen von Allah und in der christlichen Tradition sind es Gebetsketten, wo man gewisse Worte oder das Gebet Vater unser wiederholt.

Die ständige Wiederholung von Gebeten, Mantras oder Sätzen führen dazu, dass sich die Gedanken „beruhigen" oder man in den Trancezustand kommt. In diesem Zustand verliert man das Gefühl des Hier und Jetzt und gelangt in höhere Zustände. Man gelangt durch Liebe und Dankbarkeit zum Gott. Alle Techniken helfen nur sein Ego abzugeben und durch Vertrauen, Liebe und Dankbarkeit über die Gedanken anzukommen.

Geschichten – Fragen und Antworten: Der Unterschied zwischen „Saufen und Kiffen" und Meditation

Hier besteht ein sehr großer Unterschied: Alkohol und Drogen helfen nicht, sondern unterdrücken nur. Viele Menschen konsumieren sie, weil sie glauben, dass sie die Lösung für alles sind. Dies ist jedoch nicht der Fall. Die Meditation verändert Situationen ebenso wenig, sie kann jedoch die innere Einstellung ändern. Sagen wir, man hat zu Hause einen Hund und dieser hat Dreck auf dem Teppich hinterlassen. Wenn man einfach einen weiteren Teppich darüberlegt, wird sich die Ursache nicht verändern.

In der Meditation lernen wir, Dinge loszulassen, die wir nicht ändern können und konzentrieren uns auf die Dinge, die wir verändern können. So hat z.B. jemand seine Arbeit verloren. Um damit klar zu kommen, nimmt er Drogen und fängt an, Alkohol zu konsumieren. Hilft das? Nein, natürlich nicht! Er unterdrückt es nur und vergisst es für kurze Zeit durch den Rauschzustand.

In der Meditation dagegen sagen wir: „Ich kann es nicht ändern, dass ich meine Arbeit verloren habe und deswegen nehme ich es so an, wie es ist". Ich kann eine neue Arbeit finden oder mich weiterbilden, um eine noch bessere Arbeit zu bekommen. Das Problem wird dadurch nicht gelöst, aber es wird für uns kein Problem mehr darstellen. Wir verändern durch Mediation unsere Einstellung, es wird der Blickwinkel erweitert. Es ist die Chance für eine Veränderung, für einen Neuanfang. Rein äußerlich hat sich nichts verändert, aber meine Reaktion, damit umzugehen und die Situation zu verbessern, ist anders. Das heißt nicht, dass man nichts tut! Es bedeutet, dass man sich auf die Dinge konzentriert, die man selbst ändern kann.

Das kann in allen Lebenslagen eingesetzt werden, ob es um Gesundheit, Geld oder auch um Beziehungen geht. Dies ist der Unterschied zwischen Konsum von Drogen und Meditation.

Bei der Meditation arbeite ich mit mir selbst, verändere die Dinge, die ich verändern kann und lasse die

Dinge ruhen, auf die ich keinen Einfluss habe. So bin ich mit mir selbst im Gleichgewicht und habe mehr Zeit für andere Dinge.

Bei Drogen und dem Konsum von Alkohol verdrängt man nur für einen kurzen Moment, was die Situation zum Ende nur noch verschlimmert.

Welcher Unterschied besteht zwischen einem Saunabesuch, einer Massage und der Meditation?

Wenn ich mich schlecht fühle, gehe ich in die Saune oder zur Massage, das sollte doch ausreichen – da brauch ich doch nicht auch noch Meditation? Massagen oder Saunabesuche sind äußere Dinge. Meditation ist rein innerlich. Meditation bedeutet nicht, herumzusitzen und stumpf in eine Kerze zu schauen oder einfach träumend herumzuliegen. Meditation bedeutet, dass ich in mein Inneres gehe, meine Gedanken beobachte und im besten Fall auch die Gedanken stoppen kann. Ich verstehe dann, woher meine Gedankenströme oder Energieströme kommen und wie ich diese positiv lenken kann. Ich kann bis zu einem gewissen Grad auch bei einer Massage oder während eines Saunabesuchs meditieren. Bei einer tieferen Meditation oder bei Astralreisen ist das natürlich so nicht möglich, da ich andere Voraussetzungen dazu benötige.

Entweder meditiere ich im Liegen, damit ich das Gefühl vom Körper verlieren kann und keine Angst haben muss, zu fallen oder mir weh zu tun. In den östlichen Ländern ist es Tradition, beim Meditieren in der Lotusposition zu sitzen.

Diese Position wird gerne genutzt, weil man hierbei auch einschlafen kann, ohne umzukippen. Besonders gut ist sie bei einer sehr tiefen Meditation.

Des Weiteren ist die Meditation so etwas wie eine innere Reinigung: Duschen und Zähne putzen sind eine rein äußere Reinigung. Meditation hingegen bewirkt innerliche Reinigung. Ich beobachte, welche Reaktionen ich am Tag oder generell habe. Warum reagiere ich so, wie ich reagiere? Ich frage mich, ob ich es verändern kann. Dies gehört zur Introspektion.

Natürlich hat die Meditation auch etwas Entspannendes und ein Saunabesuch oder eine Massage sind sehr gut zur Vorbereitung auf die Meditation. Währenddessen kann ich auch schon bestimmte Übungen machen. Zum Beispiel kann man ein Mantra wiederholen oder die eigenen Reaktionen reflektieren:

Wo habe ich richtig oder falsch reagiert, was kann ich das nächste Mal anders machen? Ich lasse los, was ich nicht verändern kann. Ich mache Pläne und tue, was ich selbst verändern kann oder sollte, damit die Dinge besser laufen können. Diese Art der Entspannung ist sehr gut!

In der Meditation geht es grundsätzlich nicht nur um Entspannung. Es geht mehr darum, sich selbst zu erkennen. Zu sehen, dass wir nicht nur dieser Körper, diese Gedanken, Gefühle und Energie sind, sondern, dass wir auch Bewusstsein sind.

Wir sind etwas, das man als Seele bezeichnen kann. Auch wenn man glaubt, dass es nicht gut ist, kann man in der Meditation viel erleben. Es geht darum, mit dem Inneren zu arbeiten, es zu steuern und das innere Gleichgewicht zu finden. Das ist der größte Unterschied.

Geschichten zur Meditation

Der Suchende

Ein Mann hat lange nach dem wahren Weg zu Gott gesucht. Nach gewisser Zeit hat er einen heiligen Mann getroffen und der hat ihm folgende Anweisung gegeben:

Du bist eine ewige göttliche Seele. Du musst deine Persönlichkeit, die hinter deinem Ego und Gedanken sitzt mit deiner ewigen Seele, mit einem Teilchen des Gottes verbinden. Begebe dich innerlich in Liebe und Dankbarkeit zu Gott und frage dich in der Meditation: „Wer bin ich?"

Beobachte den Beobachter und verbinde dich mit ihm durch Liebe! Du musst deine Gedanken, Worte und Taten immer in Einklang, mit Liebe und Dankbarkeit halten und die Aufmerksamkeit auf die ewige Seele richten.

Der Suchende ist dieser einfachen Anleitung gefolgt, aber die Zweifel überkamen ihn und er dachte sich: „Es klingt sehr einfach." Irgendwie gelang es ihm aber nicht gleich alles zu erfüllen. „Da hat mir der Heilige nicht alles erzählt…" und so hat er sich auf weitere Suche begeben. Diesmal hat er nicht nur ein paar Monate, sondern ein paar Jahre gesucht. Wer suchet, der findet! Und so hat er im fernen Land einen anderen Heiligen getroffen.

Der wollte ihn aber nicht als Schüler aufnehmen. Nach langen betteln, hat ihn der Heilige dann doch aufgenommen, aber er musste dem Heiligen dienen.

Er diente ihm 12 volle Jahre. Kümmerte sich um das Haus, kochte und kümmerte sich um den Garten. Organisierte Treffen und Rituale mit anderen Schülern. Es waren sehr harte und lange 12 Jahre.

Danach hat ihm der heilige Mann gesagt: „Du hast dich bewährt, ich werde bald sterben. Also werde ich dir das Geheimnis verraten! Du bist eine ewige göttliche Seele. Du musst deine Persönlichkeit, die hinter deinem Ego und Gedanken sitzt mit deiner ewigen Seele, mit einem Teilchen des Gottes verbinden. Begebe dich innerlich in Liebe und Dankbarkeit zu Gott und Frage dich in der Meditation:

„Wer bin ich?" Beobachte den Beobachter und verbinde dich mit ihm durch Liebe!

Du musst deine Gedanken, Worte und Taten immer in Einklang, mit Liebe und Dankbarkeit halten und die Aufmerksamkeit auf die ewige Seele richten!

2 Mönche und eine junge Frau

Zwei buddhistische Mönche waren auf dem Weg zum anderen Kloster für eine spezielle Meditation. Beide kamen zu einem Fluss, den sie überqueren mussten, aber die Brücke war nicht da. Es blieb also nichts anders übrig als das Wasser zu durchlaufen. An einer Stelle war es möglich, die Strömung war zwar stark, aber das Wasser nicht so tief. Am Ufer stand eine junge Frau. Sie wollte offensichtlich auch den Fluss überqueren, hatte aber keinen Mut und wahrscheinlich auch nicht genügend Kraft, um es ans andere Ufer zu schaffen. Der alte Mönch hat die Frau nicht beachtet, da es für den Orden verboten war Frauen auch nur anzusehen, geschweige denn sie anzufassen.

Der junge Mönch sah aber die Verzweiflung der Frau und fragte sie, ob er behilflich sein kann. Sie nahm die Hilfe dankbar an, also nahm der junge Mönch die Frau auf die Arme und ging so mit ihr zum anderen Ufer. Am anderen Ufer hat sich die junge Frau bedankt, um ein Segen gebeten und dann sind beide Mönche weitergegangen.

Der Weg zum anderen Kloster war lang, aber beide Mönche haben sich schweigsam beeilt. Als sie im anderen Kloster angekommen waren, bevor die Meditation begann, sprach der ältere Mönch zum jüngeren:

Ist dir klar, dass es bei uns verboten ist Frauen, noch dazu so junge Frauen, länger anzuschauen, geschweige denn mit ihnen zu sprechen oder sie anzufassen? Der junge Mönch hat nur verwundert den älteren angeschaut und gesagt:

„Ich habe die junge Frau an das andere Ufer gelassen... Du trägt sie immer noch in deinem Kopf?"

Techniken für Fortgeschrittene

7 Tage Dunkelheit

Die Technik des Aufenthaltes in der Dunkelheit, die ich hier weiter beschreiben werde, ist nicht für Anfänger geeignet. Es ist, wie ins Fitnessstudio zu gehen und auf Anhieb 200 kg heben zu wollen. Die Hantel zerquetscht einen.

Diese Technik ist für Menschen geeignet, die mindestens seit 3 Jahren regelmäßig meditieren. Es ist nur ein ungefährer Zeitraum, er kann kürzer oder länger sein.

Es hängt eher davon ab, wie tief man hineingeht. Außerdem ist diese Technik nur für diejenigen geeignet, die Alkohol, Zigaretten und Drogen meiden. Sollte man einmal monatlich eine Zigarette rauchen oder nach dem Essen ein Glas Wein oder Schnaps trinken, dann ist es kein Problem. Wenn man jedoch seine psychischen oder physischen Probleme mit Alkohol löst oder man sich nur auf diese Weise entspannen oder unterhalten kann, dann ist diese Technik nicht geeignet.

Des Weiteren ist diese Technik nur für Menschen geeignet, die auch ihre Ernährung umgestellt haben, das heißt, dass sie sich gesund und ausgeglichen ernähren und sie in die Richtung vegetarischer Ernährung gehen. Sie müssen nicht strenge Vegetarier sein, es ist jedoch besser, wenn sie es sind.

Diese Technik ist auch nicht für Menschen geeignet, die psychische Probleme haben und schnell depressiv werden. Ein geistig reifer Mensch sollte stress- und problembeständig sein und Probleme positiv lösen können. Das Gleiche gilt für unser früheres Leben. Es gibt verschiedene Techniken, wie man in frühere Leben gelangen kann; es ist aber auch nichts für Anfänger. Wenn ein Mensch in diesem Leben seine Probleme nicht lösen kann, dann wird es ihm die Kenntnis seiner vergangenen Leben nur erschweren.

Ein Beispiel: Jemand hat eine schlechte Beziehung mit seinen Eltern. Er geht in vergangene Leben und sieht da, dass seine Mutter ihn im Vorleben vergiftet hat und in einem anderen hat ihn sein Vater verkauft. Sein psychisches Problem mit seinen Eltern wird noch größer sein.

Hat man jedoch hunderte von geistigen Büchern gelesen, meditiert seit einigen Jahren regelmäßig, ernährt sich gesund und ist psychisch und physisch stabil, dann ist diese tiefergehende Technik sehr geeignet.

Vorteile des Aufenthaltes in der Dunkelheit:

Ein Aufenthalt in der Dunkelheit ist für ein paar Sachen angebracht:

1.   Um sich über die Ziele und inneren Motive, klar zu werden – das heißt, sich klar zu werden, welche Ziele man in der körperlichen, geistigen, geistlichen, professionellen und Beziehungssphäre hat. Es ist notwendig, sich zu fragen, wieso man solche Ziele hat und dann immer wieder zu fragen: Wieso? Wieso? Wieso?

Die meisten Menschen haben keine klar gesetzten Ziele, und falls doch, wissen sie schon gar nicht, wieso. Der Adept sollte in die Tiefe gehen, die Seele der Persönlichkeit und das Karma berühren und sich die Verbindung zwischen sich, seinen Zielen und allem Lebendigen und Nichtlebendigen nahebringen. Erleuchtung, genauso wie große physische oder finanzielle Änderungen im Leben, kann man nur dann erreichen, wenn man dies nicht nur für sich tut (zum Beispiel Buddha oder Milarepa), sondern eventuell für die Familie.

Den Aufenthalt in der Dunkelheit muss man als den Tod seiner alten und die Geburt einer neuen Persönlichkeit sehen!

Man muss sich sein bisheriges Leben ansehen, und zwar nicht nur aus eigener Sicht, sondern auch aus der Sicht anderer Menschen. Dazu muss man beim Aufenthalt sein Ego aufgeben!

2.   Um die Empfindlichkeit zu verbessern – es ist notwendig, seinen Geist zu beobachten:

Wer ist derjenige, der denkt? Woher kommen die Anlässe für mein Handeln? Wer ist derjenige, der

Angst hat, sich langweilt oder Visionen hat? Versuche verschiedene Emotionen und Gedanken den einzelnen Elementen und Chakren zuzuordnen und sie anhand der Anleitung zu beherrschen. Es ist notwendig, ganz im HIER und JETZT zu sein!

3. Um den Kontakt mit den einzelnen Elementen und Wesen aufzunehmen, mit dem Ziel, neue Erkenntnisse zu gewinnen.

4. Um den Kontakt mit dem eigenen Schutzengel aufzunehmen, eventuell mit dem Wächter der Schwelle, sie zu besiegen und sich mit ihnen anzufreunden und sich dann mit ihnen auf Astralreisen zu treffen! Der Wächter der Schwelle wird in einer Form auftauchen, die einem Angst einjagt (meistens in der Form einer großen Spinne oder Schlange). Man muss sich mit ihm anfreunden und ihm seine eigene Kraft und seinen Mut zeigen.

5. Geburt einer neuen Persönlichkeit – wenn man sich nach einiger Zeit klar darüber wird, was, wieso und wozu man das will, immer WOZU, WOZU, WOZU fragt, dann wird empfohlen, auch die Motivation hinzuzufügen, anderen Menschen zu helfen. Es ist gut, wenn man sich selbst als eine neue, bessere Version seines Ichs vorstellt und sich mit dieser neuen Vorstellung identifiziert. Man stellt sich also vor, was man macht, wie man es macht und weshalb man dies macht.

Meditation bei Sonnenaufgang und sich mit der Gottheit verbinden.

Bei der Meditation ist es sehr gut, bei Sonnenaufgang aufzustehen und dann 30 Minuten zu meditieren. Am besten auch, die Mantras mitzusingen und erst dann die stille Meditation zu beginnen. Hierbei ist unwichtig, welches Mantra ihr wählt. Danach kann man sich schlafen legen, der Schlaf wird dann aber nicht mehr so tief und relativ kurz sein. Dadurch, dass der Schlaf nicht mehr so tief ist, kann man die Astralreise trainieren. Durch das ständige Aufwachen und Einschlafen kann man die Zwischenzeit von Traumwelt und realer Welt besser fühlen.

Eine weitere Technik ist es, sich ein besseres Ich vorzustellen, bei dem man sich alle möglichen Aspekte vorstellt, wie man sein möchte. Stelle dir vor, was du gern sein möchtest. Stelle dir vor, was du erreichen möchtest. Danach kannst du dich mit dieser Gottheit verbinden. Im Buddhismus und Hinduismus gibt es Rituale zur Verehrung von göttlichen Eigenschaften. Dabei stellt man sich vor, dass diese göttlichen Aspekte auch in einem selbst vorhanden sind und dass man sie erwecken und sich damit verbinden kann. Diese Technik ist nur für Fortgeschrittene geeignet, da es bei Anfängern zu Verzerrungen der Realität kommen kann. Es wäre nämlich nicht gut, wenn sich jemand vorstellt, er wäre Superman und sich auch so verhält. Man darf den Bezug zur Realität nicht verlieren. Es geht mehr um die inneren Eigenschaften, Charakter-Eigenschaften und Arbeit. *Meditation über die Leere*

Bei dieser Meditation muss jeglicher Unterschied zwischen dem Meditierenden und dem Gegenstand der Meditation verschwinden. In dieser Einheit versucht man, sich bewusst zu werden und zu erleben, dass alles Energie ist. Alles ist Vibration. Zwischen uns und etwas anderem gibt es keinen Unterschied, weil alles Energie und Bewusstsein in Entwicklung ist. Diese Technik ist sehr wichtig, aber sie hilft nur dann, wenn der Mensch karmisch bereit ist und bereits sehr gute Fortschritte in der Introspektion gemacht hat! Ich kann mir sagen: Ich bin Licht, Energie und Bewusstsein.

Eine weitere Stufe ist es, wenn sich derjenige, der sich konzentriert, der Gegenstand seiner Konzentration und der Prozess der Konzentration vereinen (nur für sehr Fortgeschrittene!). Der beobachtete Gegenstand ist in diesem Fall unser Bewusstsein selbst; es soll sich mit dem Prozess der Beobachtung und dem Beobachter selbst vereinen. Zuerst im Verstand, dann im Gefühl und schließlich im Geiste. Dies ist direkte Weg zum gedankenlosen Zustand und zu höhere Sphären! Wie befreit man sich vom eigenen Ich? Werden danach alles Verlangen, alle Wünsche und Begierden verschwinden? Wenn man alle seine Wünsche loswird, hört man auf zu existieren. Sie müssen also existieren, aber aus egoistischen Wünschen werden uneigennützige. Die Wünsche verschwinden also nicht, aber ihre Motivation ist anders.

Zum Beispiel: Jemand möchte ein großes Haus haben. Wenn man es nur deshalb will, weil man damit prahlen kann oder besser sein will als der Nachbar, dann ist es ein egoistischer Wunsch. Solch ein Wunsch wird kein Glück bringen. Wenn man jedoch sagen würde, dass man ein schönes Zentrum bauen möchte, wo Menschen meditieren und etwas mehr über Vegetarische (vegane) Ernährung erfahren können, dann ist es zwar der gleiche Wunsch, aber mit einer ganz anderen Motivation. Und diese Motivation ist selbstlos.

Es ist immer individuell, ob eine Motivation selbstsüchtig oder selbstlos ist und jeder muss sich selbst in den Spiegel schauen. Man befreit sich von selbstlosen Wünschen, indem man begreift, wer man ist. Das heißt: „Ich bin eine Seele."

Aus der Sicht der Seele haben dann diese Wünsche schon eine andere Struktur. Der Wunsch an sich bleibt, aber mit einer anderen Motivation. Buddha hat das Leben nicht gebraucht, er musste sich nicht zeigen. Seine Motivation zum Leben lag aber darin, dass er eine gewisse Energie und Erkenntnis erlangt hat und diese weitergeben wollte.

Ein anderes Beispiel: Jemand möchte inkarniert werden, weil er etwas noch nicht erreicht hat, er war noch kein Millionär – dieser Wunsch ist egoistisch.

Jemand anderes inkarniert; er möchte Millionär sein, damit er dieser Welt helfen kann – er möchte zum

Beispiel Kindern in Kinderheimen Bildung verschaffen. Oder er möchte ein Buch darüberschreiben, dass es eine astrale Welt gibt. Es handelt sich um die gleiche Million, aber die Motivation dahinter ist eine völlig andere. Im ersten Fall geht es um einen egoistischen Wunsch und der Mensch wird unglücklich sein, weil es ihm nicht gelingt, zu erfüllen, was sein Ego erreichen will. Genauso wird derjenige auch unglücklich, wenn er sein Ziel erreicht hat, weil es leer ist und nichts bringt. Der zweite Mensch hingegen wird immer erfüllt sein, weil er sich immer fragen wird: „Habe ich alles dafür getan, dass es gut wird?" Und wenn die Antwort eines Tages „Ja" lautet, dann ist dieser Mensch in Frieden.

„Nicht, was geschieht, aber wie wir darauf reagieren, entscheidet über unser Schicksal."

Klienten-Fragen zur Meditation

Ich meditiere und bete lange Zeit und habe immer wieder das Gefühl, es passiert nichts. Warum ist das so? Oder mache ich etwas falsch?

Sehr oft kommen Leute mit der Frage zu mir: Warum erlebe ich keine Veränderungen, wenn ich mich in Meditation übe? Oder mache ich grundsätzlich etwas falsch?

Am Anfang ist es erst einmal wichtig, dass man die Meditation und das Gebet regelmäßig ausübt. Das

Gebet bedeutet, ich spreche zu Gott, und in der Meditation höre ich Gott zu. Das Problem aber, weshalb Menschen nach vielen Jahren der Mediation nichts Besonderes erreichen oder erleben, liegt an einer ständigen Erwartungshaltung und daran, dass Mediation zu sehr als eine einfache mentale Technik angesehen wird.

Genauso ist es auch beim Yoga. Aber das Wort Yoga bedeutet „Verbindung": Verbindung zwischen der individuellen Seele des Menschen mit dem Göttlichen. Genauso ist es auch bei der Mediation: Solange die Konzentrationsübungen nicht mit ausreichender Spiritualität verbunden sind und der starke Wunsch, seine eigene Seele zu befreien, nicht vorhanden ist, bleibt jede Meditation nur eine einfache Technik. An dieser Technik ist grundsätzlich nichts auszusetzen, aber wenn jemand wirklich tiefer gehen möchte, so muss er oder sie sich mehr auf die eigene Seele und die entsprechenden Techniken konzentrieren (z.B. Lotusblüten -Meditation, Konzentration auf ein

Mantra oder auf die Worte Liebe und Vertrauen (Glaube).

Die meisten Menschen fangen mit der Meditation an, weil sie etwas erwarten und sich wünschen, etwas Bestimmtes sehen oder erleben zu können. Vielleicht, mit einem Engel oder einem Toten zu kommunizieren oder eine Astral-Reise zu erleben, aber das Problem in diesen Fällen ist, dass es immer nur in eine Richtung geht – und zwar nach außen. Diese Wünsche sind vergleichbar mit den Wünschen nach einem Auto, einem Haus oder nach Geld. Ich möchte nicht sagen, dass man solche Wünsche nicht haben sollte oder darf, man kann solche Wünsche durchaus haben und das ist auch vollkommen okay. Man muss sich aber im Klaren sein: Das ist mein Wunsch, das möchte ich erreichen und dorthin soll meine Reise gehen.

Wenn dem Unterbewusstsein nicht klar ist, was man eigentlich will und warum, wird man es nicht erreichen... aber warum sind wir Menschen eigentlich hier? Das höchste Ziel ist nicht etwas, das uns die Zeit nimmt, oder etwas zu erreichen – nehmen wir einmal an, wir erreichen Ruhm... schön, doch da jede Medaille zwei Seiten hat, werden wir dadurch auch einige Neider und auch Feinde bekommen! Wir werden unseren Reichtum auch nicht in eine neue Welt mitnehmen können. Wir eignen uns vielleicht bestimme Fähigkeiten an, aber bringen uns diese Fähigkeiten auch wirklich näher zu Gott? Das ist eine Perspektive, die heutzutage viele Menschen außer Acht lassen.

Es ist schon okay, mit der Meditation als eine einfache Technik zu beginnen: Ich beobachte meinen Atem, ich stelle mir vor, wie das Licht zu mir kommt oder wie eine Lotusblüte in meinem Sonnengeflecht wächst. Diese Mediation kann ich sehr empfehlen. Wenn jedoch kein starker Wunsch vorhanden ist, die Unendlichkeit zu erlangen, wird alles nur auf der Oberfläche verweilen und wir werden enttäuscht werden. In allen Welt-Religionen sind große Seelen (Magier, Heilige) beschrieben, die ein Teil verschiedener Wunder waren. Zum Beispiel Buddha, Krishna, Jesus, Mohammed…. Diese Wunder haben den Ursprung in unserer Seele, die ein Teil der Göttlichen Quelle ist! Um die Seele wirklich erfahren und auch erreichen zu können, muss man sich täglich von allen negativen Gedanken und Zweifeln verabschieden – nur so kann man die inneren Kräfte aktivieren und auch erreichen. Man kann diese Erfahrungen nur machen, wenn man die notwendige Motivation auch in sich trägt. Die richtige Motivation ist: Ich will meine eigene Seele erreichen, ich will die Unendlichkeit erreichen und dabei verliere ich meine Aufmerksamkeit nicht an negative Gedanken. Ich mache es nicht nur für mich, sondern auch für das Wohl meiner Mitmenschen.

Buddha hätte nie die Erleuchtung erlangt, wenn er nicht mit dem tiefen Wunsch meditiert hätte, seinen Mitmenschen und -wesen helfen zu wollen. Wenn er das nur für sich und sein Ego gemacht hätte, so hätte er diesen Zustand niemals erreicht. Durch sein reines Herz und die Führung von dem Großen Meister von Shambala hat er die Weisheit und die Kräfte erlangt. Alle Heiligen sagen, man solle beten, aber was bedeutet ständiges Beten heutzutage?

Eckart Tolle sagt, man solle im Hier und Jetzt sein – ohne Gedanken. Sei mit der Aufmerksamkeit bei dem Positiven, bei dem Ewigen in dir. Versuche, die

Erlösung deiner eigenen Seele zu erreichen, und alles andere wird dir gegeben. Wenn man aber alles andere (Materielle) erreichen möchte, zum Beispiel mehr Geld usw., wird dies zur Folge haben, dass man sich in seiner eigenen Illusion verwickelt.

Was bei den Menschen, die nichts erreicht haben, falsch lief, war, dass sie nicht genügend wahrhaftig zu sich selbst waren! Nicht genügend selbstkritisch über die negativen Gedanken und Gefühle. Denn die Kontrolle der negativen Gedanken und Gefühle steht am Anfang von einer sehr tiefen Meditation und auch am Anfang dazu, dass man Großes erreichen kann. Deswegen ist Introspektion und Selbstreflexion so wichtig!

Meditation als Weg zu veränderten Bewusstseinszuständen in der weißen Magie

Ein veränderter Bewusstseinszustand ist der Schlüssel zu magischen Fähigkeiten. Bei regelmäßiger Meditation erreichen wir im Laufe der Zeit einen absolut meditativen inneren Zustand, auch der Nullpunkt oder der Göttliche Punkt genannt. Dies bedeutet, dass wir immer mit einem Teil unserer Aufmerksamkeit im Inneren verweilen und somit negative Gedankenmuster sofort entlarven, die uns am Glücklich sein hindern könnten. Wir sind aufmerksam und erkennen die Angst und Anspannung, somit können wir diese sofort umwandeln, um wieder in unser inneres Gleichgewicht zu kommen. Je tiefer wir in diesen Zustand sinken, umso mehr erreichen wir einen gedankenlosen Zustand, der es uns ermöglicht Astralreisen zu erleben.

Wir können unseren Fortschritt anhand der glücklichen und gedankenlosen Zeitspanne messen, auch wenn es nur kurze Augenblicke sind - bleiben wir dennoch in kritischen Situationen im Gleichgewicht und innerer Ruhe. Zum Beispiel der Tod eines nahstehenden Menschen, Krankheit oder Geldnot, dann sind wir für höhere Stufen der Meditation vorbereitet! In dieser Phase ist die eigentliche Position, in der wir meditieren wichtig. Da wir tiefer gehen, verlieren wir Gefühl und Kontrolle über unseren Körper, deswegen ist es ratsam im Liegen oder in der Lotusposition zu meditieren.

1. **Stufe:** Wir erreichen die Dimension, in der wir bewusst in den Traumschlaf gehen!
2. **Stufe:** Diese erreichen wir, wenn wir in der Meditation bewusst dahin gehen, wo unser Geist ist, während wir uns bewusst im tiefen Schlaf befinden!
3. **Stufe:** Wenn wir während der Meditation bewusst dahin gehen, wo sich die Toten befinden, ohne selbst zu sterben.
Wie erlangen wir diesen Zustand? Durch Sammeln subtiler Energien und Willen!

Der Magie-Zustand ist die Weiterführung der magischen Trance. Die Methoden zur Erlangung des sogenannten Magie-Zustandes können in zwei Kategorien eingeteilt werden:

Mit der Dampf-Methode wird der Geist immer mehr beruhigt, bis nur noch ein einziges Ziel der Konzentration übrigbleibt.

In der Erregungs-Methode wird der Geist in sehr große Erregung versetzt, während die Konzentration auf dem magischen Ziel bleibt. So erzeugen starke Dämpfung und starke Erregung die gleiche Wirkung: Auf einen Punkt gerichtetes Bewusstsein oder der Magie-Zustand.

Jeder tut das was er anhand von tiefen Erkenntnissen über sich selbst für richtig hält. Alles, was es auf der Welt gibt, hat Bewusstsein und alles ist miteinander verbunden.

Kapitel 3

LIEBESMAGIE

Liebesmagie gehört zu den gefragtesten
Dienstleistungen. Jeder möchte einfach
glücklich sein...

Liebesmagie gehört zu meinen gefragtesten
Dienstleistungen. Jeder möchte einfach glücklich sein.
Allein fühlen wir uns oft nicht vollständig. Solange
zwei Menschen nicht miteinander in Kontakt sind,
hängt der weitere Kontaktwunsch des Einzelnen von
Magie, Synchronizität oder Zufall ab, wie wir es auch
nennen wollen. Wenn sich diejenigen dann aber
Treffen, hängt viel von den Gesprächen und der
ganzen Atmosphäre ab. Das Problem dabei ist, wenn
jemand sein eigenes Glücksgefühl von einer anderen
Person abhängig macht und die Bedingungen stellt,
dass er nur glücklich sein kann, wenn:

• *Der andere sich so oder so verhält...*

- *Wenn der andere nicht auf gewisse Weise klar macht, dass er mich liebt…*
- *Wenn der andere nur glücklich und fröhlich ist, wenn er mit mir ist…*

So kann es nur zu Enttäuschungen kommen!

Erwartungen und Bedingungen sind das größte Problem in den Beziehungen.

Im Endeffekt gibt es nur ein Grund zusammen zu sein: Wenn wir uns mit jemanden besser fühlen als allein, wenn unser Glücksgefühl und Freude mit diesem Menschen größer ist.

Wenn wir selbst aber nicht glücklich sind, wie könnten wir es dann in der Beziehung sein? Die Erfahrung hat gezeigt, dass das Wichtigste ist, zuerst allein glücklich zu sein, erst dann könnten wir es auch in der Beziehung sein! Nicht umgekehrt! Solange wir von den anderen „abhängig" sind und von ihm/ihr unser Gefühl der Vollkommenheit beziehen wollen, kann es einfach nicht funktionieren!

Und wir werden von anderen nach und nach als nicht interessant empfunden! Hier hilft nicht sich zu sagen, ok jetzt bin ich emotional selbständig… Jeder muss sich zuerst mit seinen eigenen Gedanken und Gefühlen auseinandersetzen, weswegen wir auch die Meditation empfehlen! Die Erfahrung hat klar gezeigt, dass das regelmäßige Meditieren, innere Klarheit schafft, die absolut notwendig ist, um glücklich zu sein.

Partnerzusammenführung

Hier wird der Partner automatisch aufmerksam und spürt, dass er nicht mehr der Einzige im Spiel sein muss, und fängt an wie ein Kind zu denken, dem man auf einmal ein Spielzeug wegnimmt, das bisher vergessen in der Ecke stand. Fakt ist, dass nicht sein freier Wille zum anders Denken beeinflusst wurde, sondern ihm wurde die Möglichkeit geboten, darüber nachzudenken, was er wirklich fühlt. Es gibt unendlich viele Variationen, was passieren kann, aber im Grunde geht es nicht ums direkte Beeinflussen durch die Änderung seines Bewusstseins. Er wird nicht von einem dämonischen Wesen geleitet. Es handelt sich um einen Komplex von Begebenheiten im Leben derjenigen Person, die sie dazu leiten, die Sachen auch anders zu sehen und damit die Ansichten und das Benehmen zu ändern.

Häufige Fragen bezüglich der Liebesmagie

WIRD MIT WEISSER MAGIE ODER LIEBES-MAGIE DER FREIE WILLE DER MENSCHEN BEEINFLUSST?

Alles um uns herum beeinflusst uns, das heißt aber nicht, dass wie unsere Entscheidungsfreiheit verlieren. Mit meiner Arbeit zeige ich den Menschen eher, was in ihm steckt. Ich zeige ihm, was er bisher nicht gesehen hat oder worüber er bisher nicht nachgedacht hat. Nur wenige Menschen können, aufgrund ihres Stolzes oder ihrer erlernten Reaktionen, alle Möglichkeiten und Fakten so sehen, dass sie sich wirklich frei entscheiden können. Ein Beispiel: Wenn ein Klient von seinem Partner abhängig ist, dann ist es nur natürlich, dass dieser irgendwann von ihm genug hat und er seinen Partner als nervig empfindet. Ich rate also dem Klienten, die Kommunikation zu dem Partner für eine gewisse Zeit einzustellen. Oft ergeben sich dann „zufällige" Begegnungen und die Gespräche können wieder sehr angenehme verlaufen.

WER IST DER KARMA- ODER SCHICKSALSPARTNER?

Ich höre oft von meinen Klienten, dass sie von „meinem Karmapartner", „meinem Schicksalspartner" sprechen. Oft verwechseln die jedoch diese Beziehungen mit etwas anderem. Der Karmapartner ist die Seele, mit der wir am meisten übereinstimmen, mit der wir uns am meisten verstehen, die aber in jedem Leben in einer anderen Position zu uns gestellt sein kann. Einmal ist es die Mutter, dann die Schwester, ein Freund auf der Uni oder eine Freundin, die wir schon vom Kindergarten kennen. Aber natürlich kann es auch unser Partner sein. Der Schicksalspartner ist ein Mensch, der in unser Leben kommt, damit er uns hilft sich in diesem

Leben und an diesem Ort weiter zu entwickeln. Auf diese Weise kann der Mensch in seinem Leben auf einige Schicksalspartner treffen, die ihm etwas lehren, wenn er denn lernen möchte, damit er in seinem Leben weiterkommt. Es ist nicht ausgeschlossen, dass man mit so einem Menschen bis an sein Lebensende zusammenbleibt. Das hängt jedoch besonders von der reife jedes einzelnen ab. Ob derjenige viele Lektionen, bezüglich der Beziehungsführung, lernen möchte, oder ob er die Lektionen aus dem vorigen Leben mit einem Schicksal- oder Karmapartner in der Praxis umsetzen möchte.

WAS IST KARMA?

Ich treffe oft auf eine falsche Auffassung des Begriffs Karma. Im Allgemeinen nehmen es die Menschen als etwas Negatives oder als Vergeltung für etwas, was sie im Leben getan haben. In Wirklichkeit geht es um das geistige Gesetz von Aktion und Reaktion, in dem alles, was man aussendet zum Sender zurückkehrt. Dies ist nur kurzgefasst und es betrifft sowohl gute als auch schlechte Sachen. Man sagt „glückselig ist, wer sein Karma für die Taten aus diesem Leben schon in diesem Leben verleben kann". Dies geschieht, wenn jemand begreifen kann, wieso etwas in seinem Leben passiert, er weiß dann genau, wieso dem so ist. So kann er seine Lehre ziehen und sich vorwärtsbewegen. Wenn sich diese Sachen jedoch durch weitere Leben ziehen, ist es schwieriger es zu akzeptieren. Ein Beispiel: Jemand wird als ein „Muskelprotz" geboren, jedoch mit einem niedrigen moralischen Kredit und somit nutzt er seine Kraft dazu, um andere zu beeinflussen und ihnen wehzutun. In diesem Leben gibt es aber keinen Weg, um ihm zu zeigen, wie sich Menschen fühlen, denen er wehtut. Dies kann er erst spüren, wenn er schwach geboren wird, und er selbst hilflos gegen „Muskelpakete", wie er einst war, ist. Das heißt, was er ausgesandt hat, bekommt er in derselben Form zurück. In einem weiteren Leben als „Muskelprotz" wird er zeigen können, was er gelernt hat und wird Schwachen helfen können. Natürlich ist es seine freiwillige Entscheidung, ob er seine Kraft wieder missbraucht oder ob er seiner inneren Stimme folgt, die im sagt, was richtig ist, weil er schon erlebt hat, wie es ist, schwach zu sein. Dies ist eine von vielen Varianten, wie Karma funktioniert. Weil Karma aber von Leben zu Leben übertragen wird, gibt es Menschen, die behaupten, dass „kein Karma existiert, denn wieso ist ihnen noch nichts passiert?". Diese Menschen verstehen Karma eher als Strafe und begreifen nicht, dass auch sie einst die Starken waren.

FÜR WEN IST MAGIE – INSBESONDERE LIEBESMAGIE – GEEIGNET UND WEM IST SIE NICHT ZU EMPFEHLEN?

Magie und Liebesmagie ist nicht für jeden geeignet. Gewöhnlich arbeite ich nicht mit Magie bei Menschen unter 24 Jahren, da sie als Wesen meistens noch reifen müssen. Ein anderer Fall ist, wenn die Sachen schon so weit gegangen sind, dass es keinen Rückweg zu einer wieder glücklichen Beziehung mehr gibt oder er zu lang und kostspielig ist. Die Analyse kann auch ergeben, dass es in dem Umfeld des Menschen eine andere Person gibt oder geben wird, die für ihn der passendere Partner ist. In so einem Fall hat es keinen Sinn, Magie zur Rettung der Beziehung zu betreiben. Es ist besser, den Menschen zu lenken, obwohl es manchmal auch einen magischen Eingriff erfordert, um den passenderen Partner anzuziehen. Dies ist aber auch individuell.

WAS SOLL ICH WÄHREND DEM WIRKEN DER MAGIE UND IN DER ZUSAMMENARBEIT MIT DER MAGIERIN MACHEN?

Jeder Klient erfährt noch vor der Zahlung, wie die Zusammenarbeit verläuft und was genau von ihm, während der Zusammenarbeit, erwartet wird. Jeder Klient muss genau verstehen, wo in der Beziehung ein Fehler passiert ist anschließend führe ich mit dem Klienten Gespräche zu diesem Thema. Genauso empfehle ich auch bestimmte Lektüre, die den Klienten in die richtige Richtung lenken soll.

Die Bücher sind beziehungsorientiert oder spirituell bezogen. Meditationen, bei denen es zur Energieübertragung kommt, sind auch sehr wichtig dafür, dass der Mensch vorankommt. Dann gibt es viele individuelle Angelegenheiten.

Jemand muss die Ernährung ändern, ein anderer muss aktiver sein – d.h. aktiv Sport treiben, jemand hat im Gegenteil zu viele Aktivitäten und braucht Ruhe und soll kürzertreten, damit er Zeit hat, nachzudenken - hier empfehlen wir Yoga, oder ähnliches. Alle diese Sachen liefern dem Klienten Kraft und Energie, die er brauchen wird, wenn die richtige Gelegenheit kommt und um in Zukunft Problemen vorzubeugen oder sie lösen zu können.

WIE LANGE DAUERT ES, BIS MIT MAGIE – LIEBESMAGIE – DAS GEWÜNSCHTE ERGEBNIS ERREICHT WIRD?

Das Erreichen des gewünschten Ergebnisses hängt von vielen Faktoren ab und diese sind von Fall zu Fall unterschiedlich. Ich könnte diese Umstände hier sehr lange beschreiben: Ob der gewünschte Partner in einer anderen Stadt lebt, er verheiratet ist, eine Geliebte hat oder die Kommunikation nicht mehr funktioniert, ob das Vertrauen verloren gegangen ist, und dergleichen mehr. All das und noch viel mehr beeinflusst die Zeit, bis der Erfolg eintritt. Wir nehmen jedoch an, dass wenn sich jemand entscheidet, einen Partner magisch zu gewinnen, er fühlt, dass der Partner seine einzige Liebe ist und es sich lohnt, auf ihn zu warten. Wenn sich jemand sagt „Ich warte nur 4 Monate, weil ich nicht allein sein und ich keine

Zeit vergeuden will.", dann handelt es sich nicht um wahre Liebe und es gibt keinen Grund, den Partner „heranzuziehen".

IST DIE ZUSAMMENARBEIT MIT DER MAGIERIN NOTWENDIG? UND WORIN BESTEHT SIE?

Meine Intention (egal ob es sich um Liebesmagie oder Exorzismus handelt) besteht darin, dass ich dem Klienten neben meiner magischen Arbeit auch das Wissen und die Kenntnisse aus dem Bereich der Verhältnisse zum Partner, der Umgebung und, vor allem, gegenüber sich selbst, vorlege. Dieses Wissen ist äußerst wichtig, damit er in Zukunft verschiedene Stresssituationen verhindern, oder sie lösen, und somit anschließenden Problemen vorbeugen kann. Genauso ist sehr oft der Fall, dass Partner, die wieder zueinander finden, gerade das gleiche Verhalten wie vor der Trennung an den Tag legen und damit dieselben Probleme verursachen wie gehabt. Ich bringe meinen Klienten bei, dies zu vermeiden. Ich lehre sie, unerwünschte Verhaltensmuster in sich zu entdecken, sie zu kontrollieren und somit auch die Situation unter Kontrolle zu haben. Deshalb sollten meine Klienten die von mir empfohlene Literatur lesen denn diese sollte den Klienten bei seiner Weiterentwicklung unterstützen. Meditationen sind bei der Zusammenarbeit auch notwendig, da es hier zu einer Energieübertragung kommt, und daher auch zur Stärkung des energetischen Feldes des Klienten. Natürlich können Meditationen auch viele andere Bedeutungen haben, die ich in der Sektion Meditation näher beschreibe.

Liebesmagie – Meditation

Nimm eine bequeme Haltung ein, ganz gleich, ob du lieber liegst oder sitzt; Hauptsache bequem und entspannt. Hör meine Worte und entspanne dich.
Versuche weder innerlich noch äußerlich zu bewerten. Ist man in der Liebe von jemandem abhängig, kann man in vielen Situationen nicht richtig reagieren und die Liebe kann sich nicht entfalten. Liebe braucht Luft zum Atmen, Liebe braucht Freiheit und Freude. Wenn man zu stark auf einen Partner fokussiert ist, überfordert ihn das irgendwann. Niemand will für das Glück oder Unglück des anderen verantwortlich sein. Schließe nun langsam deine Augen. Mit jedem Atemzug entspannst du dich mehr und mehr. Du spürst das

Gewicht deines Körpers, du hörst meine Worte und entspannst dich immer tiefer. Mit jeder Sekunde, die vergeht, gehst du noch tiefer in die Meditation.

Du spürst das Gewicht deines Körpers, wie er in die Unterlage einsinkt und du entspannst dich dabei noch mehr. Sehr, sehr gut. Während du meine Worte hörst, fällst du in Trance und ich helfe dir dabei, dich mit deiner Seele bewusster zu verbinden.

Dein Körper atmet mühelos und ohne Anstrengung.

Meine Worte helfen dir loszulassen. Mit jedem Atemzug gehst du noch tiefer und tiefer. Mit jeder Sekunde tauchst du noch weiter und weiter in dein Unterbewusstsein ein.

Stell dir vor, wie es wäre, wenn die Erde ein lebendiges Wesen wäre - unsere Mutter. Wie wäre es, wenn alle Menschen, Tiere und Pflanzen zusammen in Frieden und Verständnis leben würden. Stell dir vor, dass du an deinem liebsten Ort in der Natur bist. Dieser Ort ist einer, an dem du dich wohl fühlen und frei entfalten kannst. Ein Platz, wo du sicher bist. Es kann ein Gebiet sein, an dem du noch nicht warst, aber gerne sein möchtest, oder ein Platz, den du gut kennst.

Schau mal, was es an diesem Ort alles gibt und nimm die Details wahr. Spürst du die Liebe, die an diesem Platz ist und die die ganze Natur ausstrahlt? Natur ist Leben, Natur ist Liebe. Sie sind die Liebe. Danach nimm all deine Liebe, konzentriere sie in einen Punkt und senden sie an Mutter Erde. Sag dir, dass Mutter Erde deine wirkliche Mutter ist. Und jetzt sende ihr die ganze Energie, die in dir und rund um dich ist. Sende sie ins Zentrum der Erde und warte, bis sie zu dir zurückkommt. Öffne dich dieser Liebe und lass die Liebe in deinem Körper wachsen. Warte, bis Mutter Erde diese Liebe erwidert und du es spüren kannst. Du bist ein Kind von Mutter Erde und du wirst von ihr geliebt. Sag dir innerlich: „Mutter Erde, ich liebe dich" und warte still auf die Antwort.

Alles ist Energie. Stell dir vor, wie es wäre, wenn es hinter jeder Energie: Intelligenz, Weisheit und Liebe gäbe. Nennen wir diese Energie den göttlichen Vater. Gott ist in uns allen, als Bewusstsein, Licht und Freude. Wir sind alle ein Teil Gottes. Wir sind der individuelle Ausdruck der göttlichen Liebe. Richte dann deine Aufmerksamkeit auf deinen himmlischen Vater. Richte die Aufmerksamkeit auf den Mond, die Sonne, die Sterne, die Planeten. Sag dir: „Gott Vater ist mein Vater".

Spüre, wie die Liebe dich umkreist, spüre, wie das göttliche Ich und die göttliche Aufmerksamkeit immer mit dir war und ist. Tief im Inneren weißt du, dass du nie allein warst, denn Gott Vater war immer da und spürt und sieht alles, was du und jeder andere spürt und durchlebt. Er erwidert deine Liebe und schickt dir das Licht. Konzentriere all deine Liebe auf einen Punkt und sende sie ins Zentrum der Galaxie. Oder sende sie ins Zentrum unserer Sonne. Warte, bis Gott Vater dir diese Liebe zurückschickt.

Stelle dir vor, wie es wäre, wenn alle Menschen durch Liebe und Verständnis miteinander verbunden wären. Und noch mehr – stelle dir vor, wie es wäre, wenn alle Menschen, die du liebst und verstehst, deine Familie wären. Konzentriere all diese Energie der Liebe auf einen Punkt, sende sie allen Menschen guten Willens und sage dabei: Alle Menschen, die Liebe, Licht und Verständnis suchen, sind meine Familie. Diese Menschen müssen nicht deine Familienangehörigen sein, sondern Menschen, die für dich positiv sind. Wenn du diesen Menschen all deine Liebe gesandt hast, warte auf die Antwort. Höre der Stille und der sanften Musik zu, die dabei spielt und nimm wahr, was zu dir kommt.

Jeder von uns ist einzigartig. Du bist eine einzigartige Seele. Du wirst von der göttlichen Mutter und dem göttlichen Vater geliebt, weil du das göttliche Kind bist. Spüre die tiefe Wahrheit, die in diesen Worten enthalten ist. Wir sind alle Liebe, Licht und Bewusstsein.

Ich zähle bis 3, und erst dann, wenn ich 3 sage, wirst du deine Augen öffnen.
Du wirst völlig wach, freudig und entspannt sein. Ich fange an, zu zählen.

1.   Atme tief durch deine Nase ein und durch den Mund aus.

2.   Spüre deinen ganzen Körper, egal in welcher Position du dich befindest.

3.   Atme wieder tief durch die Nase ein und durch den Mund aus.

Mache nun deine Augen wieder auf.
Du bist wach und fühlst dich gut und von lebendiger Liebe umhüllt.

Kapitel 4

RITUALE UND WEISSE MAGIE
– EINFÜHRUNG UND THEORIE –

Weiße Magie lernen
Weiße Magie Rituale – Tipps & Tricks

Wenn ich von weißer Magie spreche, meine ich damit die Erschaffung einer neuen, einzigartigen inneren Architektur des Vertrauens, der Liebe und Dankbarkeit. Dann meine ich die Fähigkeit, Menschen positiv zu „verzaubern", ihnen gleichzeitig einen außergewöhnlichen, langanhaltenden Moment der Liebe und der Gedankenstille zu schenken. Wenn ich von weißer Magie spreche, meine ich die Kunst und die Wissenschaft, die innere Realität zu wählen und die Welt positiv willentlich zu verändern. Das ist eine Handwerkskunst. Es ist eine Arbeit an sich selbst. Es ist die Zähmung von Gedanken, Gefühlen und Energieströmen im Inneren. Es ist ein inneres Handwerk, ein Lebensstil.

„Es gibt keine Zufälle." Wenn wir fragen, warum ein Mensch so denkt, spricht und agiert, wie er es tut, kommen wir zu zwei fundamentalen Gefühlen: Angst und Liebe. Unsere spirituelle Entwicklung entscheidet, wofür wir uns entscheiden. Die Antwort auf die Fragen: „Wer bin ich?" und „Warum bin ich hier?" entscheiden darüber, ob wir die Angst oder die Liebe wählen." *Verfasser Unbekannt*

Weiße Magie geht auf die Vorstellung zurück, dass alles im Kosmos von einer transzendenten Kraft durchdrungen ist. Weiße Magie ist die Fähigkeit von Menschen auf diese Kraft Einfluss zu nehmen. Unsere Seele kommt aus anderen „göttlichen" Dimensionen und nur unser Körper (Vehikel) ist materiell. Wenn wir nicht nur nach Vorgaben der materiellen Matrix (System) agieren und reagieren, sondern uns der Macht unserer Gedanken und Gefühle bewusstwerden, können wir positiven Einfluss ausüben. Das ist mit tieferer Erkenntnis verbunden, was, warum und wie existiert. Warum sich Menschen oder Tiere nach gewissen Schablonen (Programmen) richten (verhalten) und wie man von der Matrix (System) aussteigen kann. Das magische Weltbild gründet auf der Erkenntnis, dass alles über alle Ebenen der Wirklichkeit hinweg miteinander in einem unermesslich großen, vielschichtigen Netz aus Energie und Bewusstsein untrennbar verknüpft ist. Deshalb wirkt es sich an jedem anderen Punkt aus, wenn an einem Punkt des Netzes der Energiefluss

gesammelt und gelenkt wird - denn das geschieht bei der magischen
Arbeit.

Magie vermutet, dass es hinter der gesamten Schöpfung eine Intelligenz (Gott) gibt, die die ganze Entwicklung und das Leben steuert. Alles hat Bewusstsein: Steine, Pflanzen, Tiere - und der Mensch kann im Trancezustand und tiefer Meditation zur Quelle der Schöpfung gelangen und so den Einfluss auf sein Schicksal mitbestimmen und sich selbst und seine Umgebung positiv beeinflussen. Wir sind hier, um uns spirituell zu entwickeln. Unsere Aufgabe ist es, zu Gott zurückzukehren, als weiterentwickelte Engel. Wir müssen aber dazu unseren inneren Kampf zwischen bösen (animalische Gedankenstrukturen und zerstörerische innere Programme) und gutem (tiefe Quelle der Liebe und Dankbarkeit) gewinnen.

Das Ritual der weißen Magie gilt als das wirksamste Mittel, die magischen Kräfte einsetzbar zu machen. Unter dem Ritual wird ein ordnungsgemäßer, richtiger Brauch verstanden, um mit dem Übernatürlichen (mit Geistern, Göttern, allgemeiner Liebe, Voodoo Gottheiten, usw.) in Kontakt zu treten. Es bildet sich aus einzelnen Gebeten, Handlungen, den Opferriten und Reinigungszeremonien. Wenn die Arbeit eines Magiers für Gutes angewendet wird, zum Beispiel für eine harmonische Beziehung, eine bessere Arbeitsstelle oder um Heilungen zu unterstützen, dann ist das die Arbeit mit Energie, mit weißer Magie. Der Analogie-Zauber in der weißen

Magie wird dazu benutzt, um das Gesetz der Analogie (Gleiches mit Gleichem bewirken) zu erreichen. Mit weißer Magie hat man das Ziel, Heilung und Schutz zu bekommen. Wenn man in die Vergangenheit blickt, stellt man fest, dass weiße Magie schon im Hebräischen und im alten Ägypten benutzt wurde. Denn es steht fest, dass über die Sphären alle Dinge und Wesen miteinander verbunden sind.

Weiße Magie bedeutet, dass Energien ins Positive gelenkt werden. Als positiv, verstehe ich zuerst die Entwicklung der eigenen Seele! Wir, als Menschen, haben in uns ein Teil der Anti-Materie, die wir als Göttliche Seele beschreiben können.

Weiße Magie bedeutet die eigene Persönlichkeit, mit dieser göttlichen Seele zu verbinden! Das Gleichgewicht, das durch negative menschliche oder dämonische (materialistische, egoistische) Einflüsse aus dem Gleichgewicht geraten ist, muss wiederhergestellt werden. Man kann damit Andere und sich selbst beschützen, um schwarzmagischen Angriffen standzuhalten.

Bei der weißen Magie arbeitet man aber nicht nur mit Analogien und Aufmerksamkeit, sondern auch mit Geistern, Gottheiten und Lebensenergien, die man anruft und lenkt. Weiße Magie wird als „weiß" bezeichnet, weil weiße Magie die Absicht hat, immer die Verbesserung, „das Gute" zu erreichen. Was als gut oder schlecht bezeichnet wird, ist sehr relativ. Das, was vor 500 Jahren als gut bezeichnet wurde, ist heute überholt und schlecht. Was in China als gut bezeichnet wird, ist in Deutschland unvorstellbar. Somit ist und bleibt auch „weiße Magie" polemisch und umstritten. Unseres Gewissen ist hier eine gute Hilfe!

Begreife, dass die Form nur eine Illusion ist. Das ist der Anfang der weißen Magie.
Begreife, dass es weder Vergangenheit noch Zukunft gibt. Die Form, das Bild, über das du meditierst, der du die Aufmerksamkeit schenkst wird Realität."

Zirbeldrüse (Epiphyse) Drittes Auge – sechstes Chakra (Aina Chakra)

Zirbeldrüse, Epiphyse oder in den östlichen Kulturen auch als drittes Auge bekannt, ist eigentlich der Ursprung von übersinnlichen und magischen Kräften. Dieses sechste Chakra, oder -die Zirbeldrüse - ist ein Organ für die Fähigkeit des Hellsehens und das Kontrollieren von höheren Energien. Wenn man in der Lage ist seine sexuelle Energie zu transformieren, dient er der Akkumulation von psychischer Energie. In uralten Zeiten in Indien, wo die Menschen dieses Wissen gehabt haben, haben die Schüler von verschiedenen Gurus, wenn der Körper des Gurus verbrannt wurde, die Überreste der

Zirbeldrüsen gesucht. Man konnte anhand der Größe ersehen, wie spirituell entwickelt der jeweilige Mensch (Guru) war. Die Zirbeldrüse oder Epiphyse wiegt im Normalfall 0,15 Gramm. Wenn jemand allerdings spirituell unterentwickelt ist, dann kann die Zirbeldrüse auch nur 0,0025 Gramm wiegen. Bei sehr hochentwickelten Menschen kann sie bis zu 0.45 Gramm wiegen. Die Zirbeldrüse entwickelt sich sehr stark bis zu dem Zeitpunkt, an dem die sexuelle Energie erweckt wird. Wenn sich der Mensch dann nicht mehr spirituell weiterentwickelt, bleibt die Größe der Zirbeldrüse unverändert, sie wächst nicht mehr weiter. Entwickelt sich aber jemand spirituell weiter und akkumuliert seine psychische Energie, kann die Zirbeldrüse noch weiterwachsen.

Es gibt eine Sage von Gilgamesch. Er bekam von seinem Guru das Wissen um die Kunst der Meditation und der Selbstversenkung. Er hat verschiedene Meditationstechniken erhalten, unter anderem auch die Meditation der Lotosblüte und die Meditation der 4 Elemente. Dadurch erlangte er zu vielen Informationen und einem tiefen Wissen. Die Zirbeldrüse, oder Epiphyse, hat aber zwei Türsteher: Einer erscheint in Form einer Schlange und der andere hat die Form des allsehenden Auges. Nur der, der seine tierische Natur weitgehend abgelegt hat, nur der, der seine Gedanken und Gefühle kontrollieren kann, kann an diesen Türstehern vorbei gehen. Gilgamesch konnte seine Tiernatur nicht komplett abstellen und zähmen. Deswegen hat er die

Erleuchtung und den Status von Bodhisattva nicht erreicht. Aus diesem Grund ist Gilgamesch nicht unsterblich geworden.

Die Unsterblichkeit existiert nur in der spirituellen Welt. Man muss zu Lebzeiten die eigene Persönlichkeit mit seiner göttlichen Seele verbinden, um zum Bodhisattva zu werden. Solche Menschen kommen nicht auf diese Welt, weil sie es müssen, sondern weil sie es wollen.

Sie tun dies aus Mitgefühl, um den Menschen und den Wesen zu helfen, um sich selbst weiterzuentwickeln. Sie sind nicht an die Zeit gebunden. In der Zirbeldrüse ist alles geschrieben was man in diesem sowie im vorherigen Leben gemacht und gedacht hat. Es sind auch Absichten verewigt, also es geht nicht nur darum was man gemacht und gedacht hat, sondern auch warum. Es ist in uns angelegt. Wir können die Zirbeldrüse also nicht täuschen. Wenn man mit Hilfe von Ritualen oder ähnlichem versucht das in der Zirbeldrüse festgeschriebene zu überschreiben, und man nicht genügend spirituell entwickelt ist, wird man verrückt. Im besten Fall bekommt man eine psychische Krankheit und landet in einer psychiatrischen Klinik. Es ist deswegen äußerst wichtig zu verstehen, dass man Techniken wie die Meditation, ein Gebet oder magische Rituale nicht ohne ehrliche spirituelle Absichten durchführen sollte. Tut man es allerdings dennoch, wird man enttäuscht, weil nichts von dem Erwünschten passieren wird. Führt man all dies jedoch mit dem Herzen, mit dem Willen sich spirituell weiterzuentwickeln, aus, kann man zu verschiedenen Kräften gelangen. Diese Dinge kommen wie nebensächlich und sind da, um uns mehr Möglichkeiten aufzuzeigen. Um mehr Menschen, Tieren, der Natur und allgemein unserer Erde zu helfen. Benutzt man es falsch wird man tief fallen. Wir können die Türsteher nicht täuschen, denn sie haben Zugang zu unseren wahren Absichten.

Im Hypothalamus gibt es Programme, tierische Programme und die Zirbeldrüse wird sich nur öffnen, wenn wir uns dem spirituellen Programm öffnen. Dadurch werden wir zu einer spirituellen Person. Spirituelle Person heißt nicht, dass man sich alles gefallen lässt oder, dass man, wenn etwas Negatives passiert einfach den Mund geschlossen hält. Die Epiphyse verstärkt entweder unsere negativen oder unsere positiven Programme.

Möchte man die Zirbeldrüse erreichen muss man die tierischen Programme ablegen. Diese Programme werden sehr oft als Drache bezeichnet. Wenn man also seinen inneren Drachen gezähmt hat, kann man die Tür zu einer höheren Welt öffnen.

Das Wichtigste ist, seine inneren Ängste zu überwinden.

Man muss 3 innere Wege internalisieren.

• LIEBE: Die Liebe zu sich selbst und die Liebe zu Gott und somit zu allem Leben.

- **DANKBARKEIT:** Dankbarkeit für die göttliche Kraft, Dankbarkeit für die Mutter Erde und Dankbarkeit für die höheren Wesen.
- **VERTRAUEN:** Ich vertraue Gott, dass er mich führt, ich vertraue den Gurus, dass sie mich führen. Ich vertraue Mutter Erde, dass sie mich nährt.

Zu dieser inneren Einstellung muss auch die äußere Einstellung oder der äußere Weg verfolgt werden.

1. Das ist der Weg der **WEISHEIT**. Ich muss mich ständig entwickeln, psychisch, physisch und intellektuell. Wenn ich Gott verstehen möchte und wenn ich nicht von negativen Kräften heimgesucht werden möchte, muss ich mich entwickeln. Deswegen versuchen negative Kräfte auch heutzutage den Informationsfluss zu stoppen. Sie wollen uns einreden, dass man keine Schule braucht, kein Wissen außer aus bestimmten Büchern. Je mehr man weiß desto mehr ist man gegen das Negative abgesichert.

2. Der Weg der **DISZIPLIN**: Man muss äußerlich genauso viel Disziplin haben, wie man sie innerlich hat. Man muss diese negativen Programme mit eiserner Disziplin unterbinden. Man kämpft nicht gegen negative Gedanken, aber man findet durch ein Lenken der Aufmerksamkeit wieder den Weg zu den positiven Programmen. So etwas

wie „meine Gedanken" existiert nicht. Unser Gehirn ist wie ein Radio und wenn wir uns nicht darum kümmern welche Frequenzen wir empfangen, wird es geradezu vermüllen. Wir müssen dafür sorgen, unser Gehirn immer auf den richtigen Frequenzen zu halten. Man braucht Disziplin beim Gebet, der Meditation und beim Lesen von heiligen Schriften, Büchern und der Literatur.

3. Der Weg des **MITGEFÜHLS**: Nur wenn meine Handlungen vom Mitgefühl mit meinen Mitmenschen getragen werden, werde ich mein spirituelles Leben vervollständigen können. Was das bedeutet, ist immer individuell. Einer schreibt Bücher, ein anderer macht Musik, einer malt und zeichnet, ein anderer ist im Business und hilft anderen etwas zu erreichen, einer geht in die Politik und wieder ein anderer kümmert sich um alte Menschen und der nächste ist Wissenschaftler und versucht die Wahrheit herauszufinden. Jeder hat seinen eigenen Weg und jeder ist ein individueller Ausdruck der göttlichen Liebe. Jede Schneeflocke ist anders, auch äußerlich ist der Weg unterschiedlich, jeder hat andere Begabungen und diese Begabungen soll man in den Dienst des Lebens stellen.

Wenn man diese 3 inneren und 3 äußeren Wege ständig verfolgt, wird sich die Zirbeldrüse öffnen und man wird durch eine Tür zu einer anderen Welt gehen können. Das ist der Weg des Magiers!

Mehr darüber findest du in den Büchern: Ezoosmos (in English) und Birds and a stone (in English).

Kapitel 5

LETS DO MAGIC RITUALE IN DER PRAXIS

Ihr ganz Eiligen, die sofort hier hergesprungen seid! Lasst euch gesagt sein, dass Magie kein Spaß ist und ihr euch erst mit den Ritualen auseinandersetzen solltet, wenn ihr zuvor zumindest über die Liebesmagie gelesen habt und ihr schon Ahnung vom Meditieren habt.

Liebesmagie
Liebesmagie: Tipps für Ihre Zauberpraxis
Liebeszauber, Partnerzusammenführung

Liebeszauber: Warum sind wir alle so unerklärlich, wenn wir verliebt sind? Weil wir verzaubert sind, es ist der Zauber der Liebe. Es ist ein Hin und Her und die Gefühle scheinen mit einem durchzugehen, wenn die Zügel dann den Zeitpunkt verpassen, um in die richtige Richtung gezogen zu werden, kann der Zauber sich auch nicht weiter entfalten. Ganz gleich ob man schon ein Paar ist oder nicht. Manche

Menschen denken, dass es die Liebe auf den ersten Blick gibt und dass sie dann auch für das ganze Leben der Deckel für ihren Topf sein wird. Natürlich geht man Umwege, bis man diese eine findet oder auch nicht, man sollte sich bei der Suche im Klaren sein, was für einen Partner man wirklich will, was gefällt mir an einer Person, welche Eigenschaften tun mir gut und welche möchte ich in meiner Partnerschaft überhaupt nicht haben. Diese Fragen sollte man, egal ob verliebt oder nicht, für sich selbst beantworten.

Der Richtige wird irgendwann kommen. Es könnte jemand sein, dem sie noch gar keine Aufmerksamkeit geschenkt haben, oder jemand, den sie schon lange kennen. Die Liebeszauber Rituale können ihnen dabei helfen die Liebe, wenn Liebe da ist, erblühen lassen.

Spruch für die Rituale (weiße Magie) Partnerzusammenführung

„Danke für die Liebe, du barmherziger Gott.
Ich werde sie pflegen, behüten, beschützen!
Wir sind zusammen, vereint in Liebe, wir
sind zusammen, vereint in Flammen!"

1.   Beim Liebeszauber und der Liebesmagie arbeitet man heute sehr viel mit Fotos! Nimm Fotos von Menschen, die zusammengeführt werden sollen, und klebe die beiden mit Honig zusammen. Die

Gesichter an den Fotos sollen zueinander schauen. Gib die Fotos unter die rote oder grüne Kerze, die du bei der Meditation benutzt.

Wenn du persönliche Sachen hast, die deine Liebste oder dein Liebster getragen oder benutzt hat, benutze diese immer in der Magie. Fördere zuhause eine magische Stimmung: Benutze ein Parfüm, das dir gefällt, kaufe Rosen oder andere Blumen, die für dich die Liebe symbolisieren, denke positiv über deine Liebe, über die Liebe. Denk nach, was du anders machen willst oder sollst, damit ihre Liebe ewig hält. Hier empfehle ich das Buch: Vollendung in Liebe, Don Miguel Ruiz.

2.   Verlasse dich beim Liebeszauber nicht nur auf die eigene Vorstellungskraft. Rufe Verstorbene, mit denen du eine gute Beziehung gehabt hast. Versprreche ihnen, dass du dich um ihre Gräber kümmern wirst und dass du für sie beten wirst. Dies musst du dann auch tun!

Genauso ist es ratsam, einen Liebesgott oder eine Liebesgöttin zur Liebesmagie anzurufen. Rufe aber nur die Kräfte, von denen du dich angezogen fühlst! Ob das Erzulie, Venus, Maria Magdalena oder der Erzengel Uriel ist, dies bleibt deinen Vorlieben überlassen. Du musst aber immer eine Opfergabe vorbereiten, die du auf dem Altar platzierst, und nach Ablauf des Rituals vergräbst. Jede Gottheit hat einen anderen Geschmack und andere Vorlieben, deswegen musst du dich vorher mit der Gottheit anfreunden! Es kann Jesus oder Buddha sein, wichtig ist, dass du verstehst, wer derjenige oder diejenige waren, was sie erlebt haben, und welche Vorlieben sie haben, damit du auch die richtigen Opfergaben vorbereiten kannst. Die Opfergaben sollten und müssen eine gute Qualität und einen guten Geschmack haben. Plastiksachen sind immer ungeeignet!

3. Schnüren und Knoten

In der Liebeszauber- und Partnerzusammenführungs-Praxis werden immer persönliche Dinge, Fotos, Texte und Opfergaben zusammengeschnürt und gebunden. Wir wollen zwei Menschen zusammenbinden und deswegen schnüren und binden wir die Sachen zusammen, Fotos oder Opfergaben, die die beiden repräsentieren.

Weiters vergräbt man die Sachen, mit denen man die Magie ausgeführt hat, damit Wachstum, Anfang und Fruchtbarkeit symbolisiert wird. Wenn wir jemanden oder etwas vergessen wollen, werfen wir die Sachen in ein fließendes Gewässer. Wenn wir eine gute Beziehung zu einem Verstorbenen gehabt haben, vergraben wir die Sachen vom Ritual nicht weit von seinem Grab. Wir dürfen nicht vergessen, dass unser Verhalten und unser Verständnis gegenüber anderen auch eine sehr wichtige Rolle spielt! Hier empfehlen wir das Buch: Männer sind anders. Frauen auch. Männer sind vom Mars. Frauen von der Venus, von John Gray.

4. Liebesmahl

Backe und koche bitte für deinen Liebsten! Benutze dabei auch die richtige Kräutermischung! Hier empfehlen wir: Schuhbeck Sexgewürz! Aber auch eine eigene Mischung kann gute Dienste leisten. Ein selbstgemachtes Liebesmahl, wird deiner Liebe ein gutes Gefühl geben und die Atmosphäre für Gespräche öffnen. Man sagt nicht umsonst: Liebe geht durch den Magen!

Allgemein sind süße Gerichte und Speisen bevorzugt, aber persönliche Geschmacksrichtungen müssen immer berücksichtigt werden! Nimm dir Zeit dafür, und falls du kein Koch bist, mach einen Kochkurs! Es wird sich auszahlen! Du kannst in jedes Gericht auch einen Tropfen eigenes Blut hinzufügen und die magische oben genannte Formel aussprechen.

5. Der richtige Zeitpunkt für Liebesmagie

Bei zunehmendem Mond: Der beste Tag ist der Freitag, der Tag der Venus. Wenn du aber müde bist oder krank, dann solltest du keine Magie anwenden. Du musst fit sein und gut gelaunt. Wenn du an Depressionen leidest, dann hat Magie keinen Zweck! Behandle zuerst dich selbst und finde dein Gleichgewicht! Wenn du alleine nicht glücklich sein kannst, dann wird dich eine Beziehung auch nicht glücklich machen!

6. Räuchern mit Sandelholz

Ein ideales Räuchermittel für den Liebeszauber ist das Sandelholz. Es hat eine natürliche Süße und wurde in Indien, aber auch in Europa für die Liebesmagie verwendet! Weiters kannst du auch ein natürliches Parfüm benutzen, dass deinen persönlichen Geschmack widerspiegelt. Wir haben gute Erfahrungen mit Kenzo Jungle oder Davidoff Adventure gemacht. Weiter ist auch Weihrauch und Ambra zu empfehlen.

7. Liebesfrucht

Den Apfel kann man zusammen mit der Orange immer gut für die Liebesmagie und die Partnerzusammenführung benutzen.

Erstens als Opfergaben für die Gottheiten und die Geister, aber auch als Geschenk für den Liebenden. Bevor du den Apfel oder die Orange verschenkst, halte ihn in beiden Händen, und gib mit deiner ganzen Vorstellungskraft Liebe in das Obst hinein! Die Auswirkung wirst du schnell merken!

Liebeszauber ist der gefragteste Zauber. Jeder will in einer harmonischen Beziehung glücklich leben. Der Zauberspruch muss immer persönlich sein. Es hilft nicht, wenn man zu einer Gottheit spricht, an die man nicht glaubt, oder wenn man den Zauberspruch 1 zu 1 sagt, weil es in irgendeinem Buch so geschrieben wurde! Wenn das Ritual nicht vom Herzen kommt, wenn es nicht persönlich ist und wenn man an die Worte, die man ausspricht, nicht glaubt, wird die

Magie einfach nicht funktionieren! Formuliere die Sätze so, dass sie für dich glaubwürdig klingen. Wenn, als Beispiel, für dich der Spruch „Erzulie, ich danke dir für deine Hilfe!" oder „Wir sind zusammen für immer in Liebe verbunden!" nicht glaubwürdig klingt, formuliere den Satz so, wie du dich hundertprozentig damit identifizieren kannst. Zum Beispiel: „Die, die sich lieben, werden sich wieder treffen!" oder „Wir sind uns jeden Tag ein Stück näher!"...

Hier empfehle ich das Buch: Glücklicher als Gott, von Neale Donald Walsch.

Liebeszauber, Partnerzusammenführung

Liebesmagie ist sehr stark. Es ist so, weil die Liebe zwischen Menschen starke Emotionen und Energien auslösen kann. Merke dir, wenn du Magie ausübst, musst du auch Verantwortung dafür tragen, was du willst und machst. Mache dir klar, dass das, was du den anderen wünschst, zu dir zurückkommt, sogar noch stärker als es ausgesandt wurde. In der Liebesmagie kann man positive Ergebnisse nur durch positive Taten erreichen! Versuche der Manipulation des freien Willens der gewünschten Person, ist der häufigste Fehler, den Menschen machen und der Grund dafür, dass sie keine positiven Ergebnisse erzielen können. Deshalb empfehle ich, dass du dir folgende Fragen stellst, bevor du dich entscheidest Magie zu benutzen:

"Warum will ich genau diesen Partner?". „Wie tief ist meine Liebe?", „Ist die Liebe echt, oder ist es nur physische Anziehung?" Liebesmagie gibt den Partnern Freiheit, sie denkt an ihre Wohlbefinden und Glück und sie will sie nicht ändern.

Magie ist ein nützliches Instrument und eine gute Wahl, wenn sie bereit sind, auch Opfer auf dem Altar der Liebe zu bringen. Falls du bereit bist, dich selbst zu verändern, ein besserer Mensch zu werden, deinen Charakter, dein Verständnis und deine Kommunikation zu verbessern, dann ist Magie eine gute Wahl und sie bringt dir und deinem Partner Glück, Gleichgewicht und Zufriedenheit.

Knotenmagie – Ein Liebeszauber

Für die Knotenmagie nimm eine längere, seidene Schnur. Nach der Meditation (siehe –Liebe-Meditation, etwas weiter vorne im Buch) visualisiere das Ziel. Es ist sehr wichtig, dass du dir vorstellst, was du willst, aber keine negativen Gedanken hochkommen lässt! Wenn man depressiv ist, sollte man dieses Ritual nicht machen!

Freitag ist der Tag der Venus, der Göttin der Liebe, deswegen sollte man Liebesmagie am besten am

Freitag ausführen. Der Venus wird in der Magie die grüne Farbe zugeschrieben, deswegen raten viele, dass die Farbe der Schnur grün sein soll. Viele verbinden aber im Unterbewussten die rote Farbe mit Liebe, deswegen wählen sie selbst, welche Farbe für sie die Liebe symbolisiert.

Du sprichst: „Im Namen von Erzulie, Maria Magdalena, Venus und Shiva, die alle göttliche Liebe repräsentieren, binde ich meine Liebe fest zu dir! Ich lebe in Liebe, Verständnis und Harmonie zusammen mit XY. Ich danke der göttlichen Liebe für Erfüllung und Stärke. Ich werde ein guter Partner für XY sein. So sei es! So soll es geschehen!" und binden sie einen festen Knoten.

Dies wiederhole sechs Mal! Danach verbrennst du die Schnüre zusammen mit Sandelholz. Nachdem sich die Asche abgekühlt hat, vergrabe Reste entweder im Feld oder unter einem schönen Baum.

Voodoo Liebeszauber
Voodoo Partnerzusammenführung

Eine Frau, die einen Mann begehrt, modelliert aus Ton zwei Puppen – eine von sich selbst und eine von ihrem Liebsten. Statte sie mit den charakteristischen Merkmalen deines Wunschpartners aus und fülle sie nach Möglichkeit mit einigen Haaren, Fotos des Gesichts oder Fingernägeln. Anschließend werden sie mit einem grünen Seidenband zusammengebunden.

Die Haltung soll Harmonie, Verbindung und Nähe symbolisieren.

Vorzugsweise wird ein solcher Zauber an einem Freitag bei zunehmendem Mond durchgeführt. Der Freitag ist der Venus, der Göttin der Liebe, geweiht und der zunehmende Mond begünstigt die Anziehung. Wichtig ist aber dabei auch, wie sich der Magier fühlt. Wenn man stressige Tage hinter sich hat, sollte man keine Magie ausführen! Grundsätzlich können während des Rituals die Gottheiten der Liebe angerufen werden: Venus, Erzulie, Shiva, Maria Magdalena. Unterstützend wirkt auch das Ausstreuen von Orangen und Honig auf dem Altar. Weitere Hilfsmittel, die die eigene Vorstellungskraft fördern sollen, können nach Gefühl gewählt und in das Ritual eingebaut werden. Tarotkarte Liebes, Rune Partnerschaft, rote und grüne Kerzen, Sandelholz. Nach Beendigung des Rituals werden die Puppen in ein möglichst rotes Seidentuch eingewickelt und an einem sicheren Platz verwahrt.

Der ganze Vorgang kann, je nach Bedarf, während des zunehmenden Mondes mehrmals wiederholt werden.

Wird der Zauber in ehrlicher Absicht durchgeführt, und Mann oder Frau sind auch bereit, sich positiv zu verändern, kommt der Erfolg sehr schnell.

Harmonie Zauber für Balance in Ihrem Leben

Liebeszauber, Partnerzusammenführung

Zweck: Harmonie ins Leben bringen.

Hintergrund:

Harmonie ist die Balance zwischen einem Menschen und seinem Leben. Vielleicht fühlst du, dass in deinem Leben etwas nicht richtig ist, dich etwas daran hindert mit dir selbst glücklich und in Harmonie zu sein. Es muss etwas geändert werden. Um die Harmonie wiederherzustellen, bedienen wir uns eines alten Symbols von Yin und Yang. Dieses Symbol repräsentiert die Harmonie, die du erreichen möchtest. Die Bedeutung des Yin-Yang ist nicht der Kampf zwischen „Gut" und „Böse". Die Yin-Yang-Energien sind ergänzend (statt gegenüberliegend). Zusammen schaffen sie ein dynamisches System, in dem das Ganze mehr ist als nur die einzelnen Teile. Yin-Yang ist ein untrennbares Gesetz! Alles in unserem Leben hat immer beide Aspekte in sich, sowohl Yin wie auch Yang. Dementsprechend ist in Wirklichkeit nichts nur positiv oder nur negativ - und wir sollten die Situationen in unserem Leben aus dieser Perspektive sehen, um Harmonie zu erreichen.

Wie machst du den Zauber?

Nimm ein Stück Papier und zeichne das Yin-Yang Symbol darauf: Konzentriere dich auf die Bedeutung. Atme langsam dreimal tief ein und aus und schließe deine Augen. Entspanne dich.

Jetzt wirst du ein kleines Spiel spielen. Was wirst du fühlen, wenn du so handeln und du dich so verhalten kannst, dass du 100 % glücklich bist und vollständig zufrieden und in Harmonie mit dir selbst und dem Rest des Universums? Erlebe es!

Sei es nur für ein paar Minuten. Jetzt kannst du langsam die Augen öffnen. (Wenn du es nicht erleben kannst, hilf dir selbst indem du dich an Momente erinnerst, in denen du Harmonie und Glück gefühlt hast!)

Mache diese Übung mindestens zwei Wochen lang. Trage das Symbol überall mit dir. Erinnere dich an das Ziel, dass du erreichen willst, wenn du das Symbol ansiehst. Warte auf positive Ergebnisse. Wenn du Alles richtig gemacht hast, werden diese kommen.

Liebesmagie-Ritual:
Venus Partnerzusammenführung

Zur Beachtung: Dieses Ritual ist geeignet für Personen, die mit der Person, um die es geht, NICHT in Kontakt sind.

Im Zimmer, in dem du das Ritual durchführst, muss in den 8 Tagen des Rituals grünes Licht verwendet werden. Wenn du vermutest, dass dich die Person, um die es geht, in diesen 8 Tagen vielleicht besuchen wird, solltest du unbedingt alle Utensilien nach dem Ritual wegräumen, damit die Person diese nicht sieht. Beginnend am Freitag bis Freitag in der zunehmenden Mondphase und in der Stunde des Planeten Venus (siehe Tabelle Planetenkonstellation).

Für dieses Ritual benötigst du:

7 grüne Kerzen, 7 grüne süße Äpfel, 7 ganze Zimtstangen, 7 Vanilleschoten, Filzstifte in den Farben rot, grün, schwarz, eigenes Blut, Papyrus oder Pergamentpapier (zur Not geht auch Backpapier), Streichhölzer, Zirkel und Lineal, 7 rote Rosen (montags am 4. Tag kaufen! Sollte der 4. Tag ein Feiertag sein, dann können die Rosen 1 Tag später gekauft werden aber unbedingt in der Stunde der Venus), Kupfermünzen (Summe 49 Cent), 7 grüne Steine (z.B. Jade, im Steinladen), 7 grüne Glühlampen, Stoffbänder in den Farben: grün, rot und silber.

1. Tag (Freitag): Beginn ist Freitag um 21 Uhr (bei Sommerzeit
   + 1 Std. dazu rechnen) im Zeichen der Venus.

2. - 6. Tag: Ritual zu jeder Zeit möglich.

7. Tag (Donnerstag): Ritual in der Zeit der Venus.

Ritual Anweisungen

Vorbereitung der Kerzen und Steine. Die Kerzen werden nebeneinander in einer Reihe aufgestellt. Die Steine kannst du vor jeder Kerze ebenso in einer Reihe aufstellen. Nach jeder Meditation stelle die rechte Kerze an die linke, so dass sie sich berühren. Mit den Steinen verfährst du genauso.

Alle 7 Kerzen werden von links nach rechts angezündet. Nach der Meditation löschest du die Kerzen von rechts nach links. Am besten mit einem Kerzenlöscher. So gehst du 6 Tage lang vor. Am 7. Tag stellst du die Kerzen und die Steine jeweils in einem Kreis zusammen.

Die 7 Zimtstangen bindest du mit grünen, roten und silbernem Band zusammen. In jedes Band machst du 7 Knoten, so dass du insgesamt 21 Knoten gebunden hast.

Die 7 grünen Äpfel legst du auf den Altar. Diese werden dort für die Dauer des Rituals bleiben.

Die Kupfermünzen in einem Schälchen auf den Altar stellen. Wichtig bei Münzen, egal welcher Währung: Sie müssen zusammen die Summe 49 ergeben und aus Kupfer bestehen. (Alternativ kann auch ein Kupfer-Anhänger in Herzform oder ein kleines Stück Kupferplatte benutzt werden.)

Die Rosen werden am 4. Tag des Rituals am Montag gekauft (siehe oben) und mit dem silbernen Band zusammengebunden. Mache 9 Knoten in das Band. Stelle die Rose in eine Vase mit Wasser auf den Altar, damit die Rose bis zum Ende des Rituals frisch bleibt.

Zeichnung: Auf dem Pergamentpapier ziehe einen Kreis mit dem Zirkel im Durchmesser von 21 cm und erstelle ein Siebeneck daraus (es gibt dazu ein Video auf meiner Homepage).

Ziehe die Linien des Siebenecks mit einem grünen Stift nach und schneide es aus. Auf der rechten Seite zeichne mit dem grünen Stift ein Quadrat und zeichne, wie in der Abbildung auf der Homepage, das Symbol Sigil von Hagiel. Auf der linken Seite schreibst du deinen Namen mit dem roten Stift, sowie den Namen der Person, um die es geht, über Kreuz wie in der Abbildung.

Darunter schreibst du mit grünem Stift Venus, Hagiel, Jahwe, sowie mit rotem Stift die 4 Erzengel Rafael, Gabriel, Michael und Uriel. JHWHE in hebräischer Schrift rechts unten mit schwarzem Stift zeichnen.

TAG 1: (alles Aufbauen und Siebeneck vorbereiten) Die erste Kerze anzünden (von links nach rechts), setze oder knie dich hin und stelle dir vor, wie du mit der Person bereits glücklich zusammen bist (für mind. 21 sec bis 7 min.). Verinnerliche dir, wie es ist mit dieser Person zusammen zu sein. Nach der Visualisierung sprichst du:

„So sei es-so soll es geschehen. Ich nehme den göttlichen Willen an. Göttliches Licht ich danke dir für Gleichgewicht, Frieden, der in mir ist, nehme alles was ich nicht verändern kann. Ich danke für den Mut und die Kraft und dafür, dass ich verändere was ich verändern kann und für die Weisheit das eine vom anderen zu unterscheiden."

WICHTIG: Visualisieren und Fokussieren und vor allem Loslassen, damit die Energie fließen kann, sonst entstehen Blockaden und eventuell mehr Ungleichgewicht.

TAG 2 bis 6: Sprechen des Mantras 3 x! Du große göttliche Schlange, die durch die ganze Erde geht, Du Universelle und Kraft, die von Magiern verehrt wird, der Merkur Zauberstab, der 5. Essenz, Du Salz des Lebens und Potenz von allem. Du bist Anfang und Ende und göttlicher Begleiter, Du durchdringst Alles und bist in Allem. Du Astrallicht, du bist Akasha der Hindu, Du bist der Baum der Erkenntnis, Du bist Atzen der Alchimisten. Du bist der Od und dir sind die Erinnerungen aller Zeiten. Du bist Anima Mundi, Du bist der Geist der Erde, ICH RUFE DICH AN, DANKE.

Danach führst du das kleine Pentagramm-Schutzritual aus:

Im Osten aufstellen und von oben ein Pentagramm ziehen.

Sprich: „Rafael ich rufe dich an."

Im Süden aufstellen und wiederum das Pentagramm von oben ziehen.
Sprich: „Michael ich rufe dich an."
Im Westen aufstellen und das Pentagramm ziehen.
Sprich: „Gabriel ich rufe dich an."

Im Norden aufstellen und Pentagramm ziehen.
Sprich: „Uriel ich rufe dich an."

Zurück im Osten die Hände nach oben strecken und sprechen:
„Gott der Liebe ich rufe dich an."
„Venus ich rufe dich an."
„Hagiel ich rufe dich an."

Nachdem du dies gesprochen hast, wiederholst du die Visualisierung wie am 1. Tag und sprichst:
„Ich danke für den Mut und die Kraft und dafür, dass ich verändere was ich verändern kann und für die Weisheit das eine vom anderen zu unterscheiden."

Danach verabschiedest du dich von ALLEN genannten. (z.B. „Hagiel ich danke dir für deine Hilfe und verabschiede mich von dir." Und so weiter.)
Nach dem Ritual löschest du die brennenden Kerzen von rechts nach links und fügst die Kerzen und die Steine zusammen, wie bereits beschrieben. Das Siebeneck (Heptagon) legst du unter dein Kopfkissen oder auf dein Nachtkästchen.

TAG 7: (Donnerstag)

Wichtig an diesem Tag ist es, die Kerzen in der Venusstunde komplett abbrennen zulassen. (Bitte auf Sicherheit achten und Kerzen allgemein auf feuerfeste Untersetzer stellen) und die Kerzen, wenn es geht so lange brennen lassen wie möglich (hier letzte Möglichkeit Stunde der Venus 23 - 24 Uhr).

TAG 8: ERFOLGT KEIN RITUAL

7 Steine, Kupfermünzen, einige Reste der Kerzen, ein Foto des Wunschpartners, das Siebeneck, die Blütenköpfe der Rosen am besten auf dem Friedhof begraben, in der Nähe eines Toten, für den du ein angenehmes Gefühl empfindest, einem verstorbenen Familienmitglied als Beispiel.

(BEACHTE: Der Tote ist zwischen 18. und 45. Lebensjahren verstorben und darf nicht länger als 5 Jahre tot sein und am 2. und 3. Ritualtag sollte das Grab ausgesucht werden).
Du kannst die Utensilien auch in einem Baumstamm mit Loch legen. Meditiere bei einer orangenen Kerze.

TAG 8, 9 oder 10:

Die Vanille - und Zimtstangen mit den Äpfeln verarbeiten, z.B. im Entsafter, oder einen Kuchen daraus backen. Wichtig dabei, Honig und 1 Tropfen eigenen Bluts untermischen. Egal was du zubereitest, gib es dem Menschen, die deiner Wunschbeziehung gegenüber positiv eingestellt sind, im Idealfall gib oder schick deinem Wunschpartner auch etwas davon. ENTWEDER TEILEN, VERSCHENKEN ODER SELBST ESSEN - ALLES AUFBRAUCHEN!

Während der 7 Tage abends in Richtung Himmel schauen, wo sich die Venus befindet.

Wenn du dieses Ritual durchführst, beachte alle deine Gefühle. Achte auf dein Bauchgefühl und lass dich von ihm leiten. Stelle sicher, dass du dich langsam mit den Energien aller Wesen verbindest und ihre Energie spürst. Dabei ist es wichtig, sich immer positive Bilder vorzustellen, während der Meditation sowie vor dem Einschlafen. Vor allem zweifle nicht daran, dass es funktioniert, weder in den Tagen während des Rituals oder vorher. Zweifelst du, dann solltest du dieses Ritual nicht durchführen.

Durch das Ritual werden nämlich ALLE Energien verstärkt, somit auch die negativen Gedanken, oder Zweifel. Solltest du Angst vor Friedhöfen haben, solltest du das Ritual ebenso nicht durchführen. Solltest du dich in der Natur sehr wohl fühlen, dann nimm einen Baum mit Loch im Stamm, um die Utensilien am 8. Tag dort zu hinterlassen. Diese Vorgehensweise erfolgt in den Tagen 1 - 6.

WICHTIG:
Führe in diesen 8 Tagen ein Traumtagebuch und am besten noch 1 Woche danach.

Vorteilhaft ist es, sich in diesen Tagen mehr Schlaf zu gönnen, so sollten der 7. und 8. Tag stressfreier verlaufen.

Liebeszauber-Ritual
Du benötigst:
- Eine Stunde Zeit
- 1 Blatt Papier
- 1 Stift
- Stoffe und Kerzen in der Farbe, die für eure Beziehung steht (meist Rot oder Grün).

Stelle dich vor deinen Altar und nimm einen Stoff in der Farbe, die deine Gefühle widerspiegelt, die du hast, wenn du an die bestimmte Person denkst. Lasse deine Gefühle schweifen und spüre sie: Seid ihr völlige Gegensätze, dann dekoriere in den Farben Schwarz und Weiß. Hast du sehr viele Gefühle und dir wird warm?
Dann dekorieren in den Farben Rosa und Rot. Ist diese Beziehung eher kalt und rau, dann nimm die Farbe Blau.
Zuerst machst du den magischen Kreis um den Altar und dich selbst. Die Kerzen nimmst du in derselben Farbe, in der du den Stoff gewählt hast.

Nimm ein Blatt Papier, auf das du deinen persönlichen Liebeszauber aufschreibst: Wie möchtest du dich am liebsten mit der Person sehen, in die du verliebt bist? Egal, an welchem Ort du dich befindest, um den Liebeszauber aufzuschreiben, die

Hauptsache ist, du fühlst dich dort wohl und du hast Ruhe, um deine Gedanken auf das Blatt Papier zu bringen. Wie hast du euch in Gedanken miteinander gesehen? Mache jetzt die Kerzen an und dann fächere die aufsteigende Luft der Kerzen um dich herum, in den magischen Kreis, wobei du mit all deinen Gedanken nur bei der einen Person bist.

Dann sprich den Liebeszauber aus:
Im Namen der Maria Magdalena, (Name der Person), komm herbei!
Meine Gedanken sind frei, meine Gefühle rein,
Sieh mich und du bist verliebt,
Sieh mich und du kannst nicht ohne mich, Mächtige Götter, Feuer und Wind,
Du bist meins beim Wasser, Luft und stürmischen Wind.

Amen. So sei es, so wird es geschehen.

Du faltest das Papier mit dem darauf geschriebenen Liebeszauber 3-mal in der Länge, dann legst du ihn auf deinen Altar. Setze dich im Schneidersitz oder den Lotussitz, deine Hände mit den Handflächen nach oben auf den Knien. Jetzt konzentriere dich intensiv auf die Gedanken, wie nahe du dieser Person sein willst. Dein Atem ist dabei ruhig. Jetzt puste die Kerzen aus und öffne den magischen Kreis.

Das Papier, dass du gefaltet hast, darf nicht mehr geöffnet werden, auch wenn du zu dem Schluss gekommen sind, dass die Person nicht die Richtige für dich ist, oder ihr euch bereits vereint habt.

Das Papier wird dann verbrannt und nie mehr geöffnet oder gelesen.

Schutz vor ungewolltem Liebeszauber

Der beste Schutz vor ungewollter Magie ist die persönliche Entwicklung und Selbsterkenntnis. Menschen wissen sehr oft nicht, warum sie jemanden mögen oder nicht, warum sie etwas tun oder nicht. Sehr wenige fragen sich nach den Gründen, nach dem „warum". sie denken: „Ja ich liebe ihn / sie einfach!" Solche Menschen sind sehr empfänglich, wenn es um Magie geht. Wenn jemand regelmäßig meditiert, versteht was und warum er etwas tut, warum er gewisse Menschen anzieht, dann ist derjenige schwerer durch Magie beeinflussbar!
Versuchen Sie, sich selbst zu erkennen! Meditieren sie! Warum haben sie gewisse Vorlieben? Was sind ihre Lebensprioritäten und warum? Warum wollen sie eben diesen Partner? Warum sind sie, wie Sie sind? Wenn sie genug tiefe Antworten auf diese Fragen kennen, werden sie auch durch die Magie sehr schwer beeinflussbar!

Ein Schutzamulett, kann gegen Liebesmagie auch sehr gute Dienste leisten. Dieses muss aber durch einen erfahrenen Magier aufgeladen werden. So ein Amulett muss 28 Tage vor Neumond aufgeladen werden. Ein Schutzamulett schützt nicht nur vor Liebesmagie, sondern auch vor jeglichen anderen magischen Praktiken.

Kapitel 6

RITUALE UND MAGIER-MODELLE IN DER WEISSEN MAGIE

Es gibt verschiedene Rituale und magische Aspekte. Natürlich kann man sich fragen, wenn ich schon alles so verändert habe, wie es in den vorigen Kapiteln beschrieben wurde, mein Essen, mein Denken, meine Gewohnheiten, warum soll ich dann eigentlich noch ein Ritual machen? Die Antwort ist sehr einfach:

Als Erstes muss ich die Wahrscheinlichkeit verändern, damit ich Dinge, die vielleicht sehr unwahrscheinlich scheinen, anziehe. Dafür muss ich große Energiemengen verschicken.

Als Zweites sollte ich das Problem komplett vergessen. Das sind die zwei wichtigen Bestandteile von jedem Ritual! Zuerst konzentriere ich mich mit absolut voller Kraft. Ich gebe alles, was ich brauche, um das zu materialisieren was ich will. Das heißt ich bete, meditiere und mache Sigilmagie (Das ist Magie, bei der ich gewisse Zeichen zeichne, die ein bestimmtes Problem oder Wünsche repräsentieren.

Diese kann ich verbrennen, vergraben, ich kann mein eigenes Blut dazu benutzen und ich kann Geister und Götter verehren, um das anzuziehen, was ich will).

Der zweite, genauso wichtige Schritt ist es zu vergessen und sich auf den Weg zu konzentrieren. Natürlich muss ich auch gewisse weltliche Schritte machen. Zum Beispiel muss ich mich, wenn ich eine neue Arbeit finden möchte, auch bewerben, jedoch muss mein Wunsch, diese oder jene Stelle zu bekommen, ein bisschen in den Hintergrund treten. Das heißt, dass man nicht jeden Tag schaut ob schon eine Antwort im Briefkasten ist. Dieses Vergessen ist genauso wichtig wie diese Kumuli von Energie. Das ist die Menge von subtiler Energie, die bei Ritualen freigesetzt wird.

Bei den Ritualen unterscheide ich zwischen großen und kleinen Ritualen, wobei diese „kleinen Rituale" überhaupt nicht klein oder zeitlich wenig aufwendig sein müssen. Auch diese Rituale können zeitlich sehr aufwendig sein. Unter einem kleinen Ritual verstehe ich in der Magie ein Ritual, bei dem ich mich mit meiner eigenen Kraft, mit meiner bewussten und unterbewussten Kraft konzentriere.

Ich mache Sigil, ich verbrenne etwas, ich zeichne etwas, ich vergrabe etwas und mache Gebete. Unter einem „großen Ritual" verstehe ich ein Ritual, bei dem ich auch Geister oder Götter anrufe. Eine weitere wichtige Frage ist, welche Gottheit oder welchen Geist ich anrufen soll. Es kommt sehr oft die

Frage welches Ritual das Beste und Stärkste ist. Welche Gottheit soll ich anrufen, damit es das stärkste Ritual wird?

Die Antwort ist sehr einfach und wiederum nicht einfach. Sie ist sehr individuell. Diese Gottheit oder der Geist muss für mich arbeiten wollen. Wenn ich denke, dass die Voodoo-Magie die Stärkste ist, wird es nur dann wirklich die stärkste Magie, wenn ich mich mit Voodoo-Gottheiten befasse. Dazu sollte ich sie verehren, Bücher darüber gelesen haben und wirklich etwas machen, was die Verbindung zwischen mir und dieser Gottheit oder diesem magischen Arbeitsmodell ist. Ob bei jemandem VoodooMagie, tibetische Magie oder Runen-Magie besser wirkt, hängt von den individuellen Eigenschaften eines jeden Menschen ab.

Wie findet man heraus welche Gottheiten und welches Magie-Arbeitsmodell für mich das Beste ist?

Dafür muss man sich ein bisschen Zeit nehmen. Am besten ist es, wenn man sich mit den eigenen Träumen befasst. Ich rate dazu jedem Adepten der Magie oder auch jedem Klienten seine Träume aufzuschreiben. Viele der Träume sind nur die unterbewussten Dinge, die jeder Mensch verarbeitet. Andere Träume sind wiederum sehr wichtig für die eigene Entwicklung. Ich muss jedoch das Eine von dem Anderen unterscheiden können. Natürlich kann ich sagen, was für mich wichtig ist, eine sehr starke emotionale Bindung hat und dann wache ich auf und ich weiß, dass es wichtig war. Man kann aber viele Dinge schon im Vorfeld trainieren oder diese wichtigen Träume auch aufrufen, wenn ich gewisse Probleme habe. Am einfachsten ist es, wenn man sich mit verschiedenen Arbeitsmodellen befasst. Zum Beispiel kann man etwas über Runen, über Erzengel Michael und Gabriel, über tibetische Magie oder was auch immer lesen. Wenn dann aber plötzlich sehr lebendige Träume, wie nach einem gewissen System, nach oben schwimmen, bedeutet dies, dass ich wahrscheinlich schon in einem früheren Leben, oder mein Unterbewusstsein, mit diesem System in Verbindung getreten ist. Man kann es so oder so erklären.

Mein Unterbewusstsein reagiert auf dieses System oder ich war in meinem früheren Leben irgendwo im Norden, wo ich mich mit Runen-Magie befasst habe und ich habe deswegen diese starke Bindung. Man muss also zuerst ein System finden, zu dem man wirklich eine Bindung, einen Bezug hat. Zweitens sollte man sich mit diesem Arbeitsmodell, dieser Religion oder dem System, welches dahintersteht, ein bisschen befassen. Das ist genauso wie bei Menschen, wenn man zum Beispiel den Nachbarn nie gegrüßt hat und mit ihm noch nie ein Wort gewechselt hat. Der Nachbar wird wahrscheinlich schlecht helfen können, wenn ich irgendein Problem habe, aber wenn ich mit ihm guten Kontakt hatte und vielleicht mal ein

Bier zusammen getrunken habe, Interesse an ihm zeigt und mal nachgefragt habe, wie es ihm geht, welche Probleme er hat, ob ich ihm mal helfen kann, dann wird dieser Nachbar auch mir helfen können im Bedarfsfall. Wie bereits gesagt, Gleiches zieht Gleiches an - was ich aussende und gebe kommt wieder zu mir zurück. Genauso ist es in der spirituellen Welt mit Gottheiten und Geistern. Wenn ich mit gewissen Geistern oft spreche, in Verbindung bin, ihnen Zeit widme, räuchere und Kerzen opfere, dann werden mir diese Gottheiten auch helfen. Ich muss dann zuerst dieses System kennen und gewisse Gottheiten auch verehren, um sie positiv einzustimmen. Das kann man dadurch tun, dass man, zum Beispiel, seine Runen oder Shiva oder Voodoosigil auf den Altar legt und versucht mentalen Kontakt zu halten. Meistens erscheinen dann solche Gottheiten auch in unseren Träumen und nehmen so Kontakt zu uns auf.

Wenn dem so ist und man diese „Freundschaft" begonnen hat, kann man in einem Ritual diese Kräfte oder Gottheiten um Hilfe bitten. Auch hier gilt wieder, dass man ein bisschen Training braucht, um mit solchen Gottheiten zu kommunizieren.

Am Anfang kann es durch Träume sein, im fortgeschrittenen Stadium kann man mit solchen Geistern oder Gottheiten direkt kommunizieren oder in Trance gehen, in welcher diese Gottheit dann direkt in einen Menschen einsteigt und durch ihn auch spricht. Sehr oft gibt es deswegen in Voodoo Zeremonien eine Person, die dann von einer Gottheit besessen wird. Diese Gottheit wird anstelle von seiner Seele kurzfristig in den Körper eintreten und diese Gottheit wird dann auch direkt durch diesen Menschen sprechen. Ein fortgeschrittener Magier kann solche Gottheiten dann spüren, sehen und mit ihnen auch direkt kommunizieren.

Er kann dann auch verhandeln was diese Gottheit dafür haben möchte, damit der Wunsch, den man sich erbittet, auch real wird. Wenn man noch nicht genug trainiert ist, geht man einfach nach dem Ritual schlafen und muss dann 7 Tage sehr genau beobachten welche Träume man hat. Kurz nach dem Aufwachen sollte man diese Träume sofort niederschreiben. Am besten ein Notizbüchlein neben das Bett legen, damit es schnell greifbar ist.

Bei jemandem der nicht trainiert ist, kann es immer dazu kommen, dass gewisse Dämonen versuchen anstelle von Gottheiten mit diesem Menschen zu kommunizieren, um ihm etwas einzureden. Da ist wirklich Vorsicht geboten! Ich habe sehr viele Leute kennen gelernt, die plötzlich gesagt haben, diese tibetische Gottheit will das ich jetzt eine Ziege opfere und wenn ich es in der Astralebene angeguckt habe, hat diese Gottheit absolut nichts damit zu tun gehabt und es war ein Dämon, der diese Situation ausgenutzt hat und versucht hat von dem Menschen irgendwelche Opfergaben zu erzwingen oder ihm etwas einzureden. Hierbei ist es wichtig, dass man vorher in der Meditation tief genug geht, um zu verstehen, woher gewisse Stimmen kommen und auch wie man überprüfen kann, ob man wirklich mit einer Gottheit gesprochen hat, oder ob es nur ein Dämon oder mein

Unterbewusstsein war. Deswegen empfehle ich, wie im vorherigen Kapitel schon erwähnt wurde, zuerst mit den Elementen zu arbeiten. Jedes Elementwesen hat ein begrenztes Wissen durch die Kommunikation kann ich erkennen, womit ich es zu tun habe. Ich stelle mir dann die Frage: Kann ich das wirklich diesem Element zuordnen oder ist das jetzt was völlig anderes und ganz sicher nicht dieser Elementgeist? Es wichtig sich weiterzuentwickeln. Entwickeln im Sinne von Energie, entwickeln im Sinne von Weisheit und magischer Weisheit. Genauso wie in diesem Leben. Wenn jemand Hartz4 Empfänger ist, dann werden wahrscheinlich sehr wenig Menschen zu ihm kommen und sagen, dass sie mit ihm Geschäfte machen wollen. Umgekehrt, wenn jemand Millionär ist, dann hat er bestimmt tausende Menschen, die ihn belästigen oder einem ständig nach dem Mund reden und sagen: „Bitte, bitte lass uns Geschäfte zusammen machen." Genauso ist es in der geistigen Welt. Je mehr Energie und Weisheit man hat, desto wahrscheinlicher ist es, dass gewisse Gottheiten und Geister von sich aus zu diesem Magier oder Menschen kommen und ihre Hilfe anbieten oder versuchen Freundschaften oder Bündnisse zu knüpfen. Sie sagen: Guck mal, ich bin die und die Gottheit, bitte versuch meine Energie auch in dein Wissen zu lassen und wenn wir uns zusammenschließen, kann ich dir helfen bei deiner magischen Entwicklung und du kannst mir helfen,

168

damit Menschen mich nicht vergessen oder damit ich mich als Gottheit weiter entwickeln kann.

Man kann sich auch fragen, wie sich eine Gottheit weiter entwickeln kann.

In der geistigen Welt ist es genauso wie in dieser Welt. Jeder Geist, jede Gottheit und jeder Dämon entwickelt sich weiter. Wenn so ein Geist ein Bündnis mit einem Magier hat, dann entwickelt sich auch dieser Geist weiter. Die stärksten magischen Modelle, oder die stärksten Rituale, sind immer jene die zusammen mit einer Religion oder mit dieser magischen Religion zusammenhängen. Wenn die Gottheiten ständig verehrt oder ihnen regelmäßig Opfergaben gegeben werden, dann sind diese auch meistens gestärkt und geneigt dem Bittenden zu helfen. Ein Magier muss immer bereit sein, sein eigenes Magiemodell zu überarbeiten und weiterzuentwickeln. Es geht nicht darum, irgendein statisches Modell zu entwickeln und strikt dabei zu bleiben. Ich muss verstehen, je weiter ich mich entwickle, je mehr eigene Erfahrung und je mehr neue Erkenntnisse ich habe, desto mehr muss ich auch meine Erkenntnis davon, was Gott ist und was Energie ist, weiterentwickeln.

Deswegen sind Modelle, die sagen so ist es, so war es und so wird es immer bleiben, sehr gefährlich.

Das ist im Übrigen auch das Problem aller großen Religionen.

Diese sagen immer, dass der oder dieser Prophet der Letzte war und kein anderer mehr kommen wird.

Vielleicht kommt ein anderer am Ende der Welt,

aber in Wirklichkeit muss sich jede Religion, wie auch das Magiemodell, weiterentwickeln. Es wird sonst irgendwann erstarren und nicht mehr anwendbar sein. Genauso wie sich Menschen technisch weiterentwickeln, muss sich auch ihre Religion, ihre Weisheit und das Wissen davon wer sie sind und was der Sinn des Lebens ist, was wichtig ist und auch wer Gott ist, weiterentwickeln. Tut man dies nicht, dann bekommen die Menschen psychische Probleme. Hier ein Beispiel aus Japan: Japan ist technisch sehr weit entwickelt, aber spirituell versuchen die Menschen immer noch an die Dinge zu glauben, an die sie vor tausenden von Jahren geglaubt haben. Dies funktioniert nicht und wohl auch deswegen sind immer mehr Menschen verzweifelt und begehen Selbstmord. Es ist wichtig, wenn man sich geistig und technisch weiterentwickelt, dass man sich auch spirituell weiter entwickeln muss, da es sonst zum Ungleichgewicht kommt!

Die Arbeit mit dem Unterbewusstsein
Tagebuch für Träume, Tagebuch des Magiers

Kurz vor und kurz nach dem Aufstehen und Einschlafen ist das Unterbewusstsein am besten modellierbar. Dabei ist zu beachten, das Schreiben, ein mächtiges Signal für unser Unterbewusstsein ist! Es ist stärker, als wenn wir an etwas denken oder es aussprechen! Das Unterbewusstsein spricht bei jedem

Menschen eine andere Sprache. Es ist wichtig, dass du einen Schlüssel für dein Unterbewusstsein findest und feststellst, welcher Traum, welche Bilder und welche Gefühle, welche Bedeutung haben. Halte die Träume direkt nach dem Aufstehen fest, sonst schwinden die Erinnerungen. In unseren Träumen können höhere Kräfte mit uns kommunizieren. Es gibt viele Geschichten darüber, wie Träume wahr geworden sind. In einer davon hat Albert Einstein auch sehr lange über gewisse Theorien nachgedacht und ist zu keinem Schluss gekommen. Irgendwann als er geschlafen hat und geträumt hat, das er fliegen würde, fliegen mit Lichtgeschwindigkeit und dabei mit der Taschenlampe in die gleiche Richtung leuchten - plötzlich führte in seinem Kopf eines zum anderen und er hatte die Antworten, die ihm fehlten. Deswegen sollte ein Magier seine Träume immer aufschreiben, um das Unterbewusste zu entschlüsseln! Dazu empfehle ich das Buch meines lieben Mannes und Gefährten Pavol Malenky: „Das Tagebuch des Magiers."

Du hast bestimmt vom Osmanischen Reich gehört. Osman war ein Clan-Führer und zu seiner Zeit war er nicht besonders bekannt oder mächtig. Er hatte, angeblich auch sehr starke Träume, wie er Gründer eines Reiches wurde und dieses Reich war sehr groß. Nachdem er erwachte, dachte er darüber nach, wie er diesen Traum wahr machen könne. Er wollte eine reiche Stadt in der Türkei erobern und erwählte

Bursa. Osman hatte aber nicht genug Menschen, damit es Realität werden könnte. Die Bursa war gut geschützt. Deswegen haben die Osmanen versucht die Menschen in der Stadt Bursa verhungern zu lassen und belagerten sie. Dieses Vorhaben ist nach vielen Jahren gelungen! Als Osman schon auf dem Sterbebett lag, kam sein Sohn Orhan zu ihm und sagte:" Die Stadt wurde eingenommen." Das war der Anfang vom Osmanischen Reich.

Viele Dinge sind aus Träumen entstanden und deshalb halte ich es für sehr empfehlenswert jedem Schüler oder Adept der Magie ein Traum-Tagebuch zu führen. Weitere sehr guten Methoden, um sich mit dem Unterbewussten auseinandersetzen, sind die Meditation und die Hypnose, was auch für jeden Adept und Schüler der Magie zu empfehlen ist.

Was genau eigentlich sind Rituale? Und was ist Spiritualität?

Zunächst bedeutet Spiritualität (Geistigkeit) eine Verbindung zum Transzendenten - der Unendlichkeit. Rituale sind, nach meiner Erfahrung, nichts anderes als immer wiederkehrende Handlungen.

Die Handlung die immer wiederkehrt bei mir/euch:
1.) Den Altar vorbereiten, 2.)
Ein Altartuch darauflegen.

3.) Die Kerzen je nach benötigtem Ritual der Farbe und Aufstellung sortieren.

4.) Räucherung aussuchen, ebenfalls nach dem was ich erreichen möchte.

5.) Opferung bedeutet je nach Jahreszeit verfügbare Früchte und Nüsse.

6.) Ein Stück Pergament mit handgeschriebenem Wunsch.

7.) Die Reinigung: Vor jedem Beginn eurer Ritual Handlung, müsst ihr euch gründlich reinigen.

Das bedeutet duscht oder badet euch in Meersalz. Da dies sehr steril ist und die Haut auch von mitgebrachter negativ Energie befreit.

Das sind meine Erfahrungen. Danach kleidet euch möglichst in Baumwollsachen, diese sind natürlichen Ursprungs. Wenn ihr all dies vorbereitet habt, entzündet eure Kerzen und begebt euch erst in eine kurze Meditation, so stimmt ihr euch auf das vorbereitete Ritual ein. Bitte beginnt keine Rituale, wenn ihr nicht absolut mit euch im Reinen seid, das haben meine Erfahrungen gezeigt. Wenn ihr Wut, Trauer und Hass verspürt werdet ihr nur noch mehr Negatives anziehen. Seid euch der Verantwortung, die ihr übernehmt, voll bewusst.

Meine Schüler haben die Erfahrung machen müssen, dass nur eine konsequente Einhaltung der vielen Schritte ihnen die gewünschten Erfolge brachten.

Vom richtigen Zeitpunkt – Weiße Magie

Das Prinzip der Analogie sagt: „Wie oben, so unten wie innen, so außen - wie der Geist, so der Körper". Deswegen machen Magier bei zunehmendem Mond Rituale, die dazu dienen etwas zu vergrößern (Liebe, Geld, Glück...). Genauso bei abnehmendem Mond werden Rituale gemacht, die dazu dienen, Dinge zu verkleinern, verschwinden zu lassen (Krankheit, Unglück, Pech...).

Weiter bei Planetenmagie (weiße Magie) ist jedem Tag und jeder Stunde ein Planet zugeordnet.

Samstag – Saturn:

Hilft sich von Menschen und Angewohnheiten zu trennen. Gut für Ausdauer, um gute Ziele bis zum Ende zu verfolgen.

Sonntag – Sonne:

Kraft, Selbstbewusstsein, Vitalität, Geld, Gesundheit.

Montag – Mond:

Intuition, Familie, Beziehungen, Veränderungen, Spiritualität

Dienstag – Mars:

Gibt die Kraft, Hindernisse zu überwinden und schwierige Situationen, wie Operationen oder Unfälle, gut zu überstehen. Hilft auch beim schnellen Finden von Entscheidungen.

Mittwoch – Merkur:

Kommunikation und Überzeugungskraft. Eine super Hilfe bei Prüfungen!

Donnerstag – Jupiter:

Für Wohlstand durch sogenannte Glücksfälle. Bei akutem Geldmangel und für Gerechtigkeit.

Freitag – Venus:

Liebesmagie, Harmonie, Freude, Romantik, Leidenschaft, Vergnügen, Kunst und Schönheit.

Ein Ziel erreichen – Weiße Magie

Jeder Mensch ist ein Magier, denn jeder richtet seine Aufmerksamkeit darauf, was er als Realität empfindet. Aufmerksamkeit und Bewusstsein sind die wesentlichen Energien.

„Das, was du heute denkst, wirst du morgen sein."

Ein sehr gutes Beispiel ist Arnold Schwarzenegger. Er hat schon als 16-jähriger gewusst, dass er Mr. Olympia werden will, dass er später als Schauspieler Filme drehen und dass er danach noch in der Politik etwas für die Menschen bewegen möchte. Er hatte ganz klare Ziele und ständig daran gearbeitet, diese Ziele zu verwirklichen. Er selbst hat einmal gesagt: „Ich habe sehr große Ziele gehabt, aber ich hätte mich gehasst, wenn ich mir gesagt hätte, dass ich es nicht schaffen werde." So eine Gabe und Klarheit kann jeder haben. Man muss sich vertiefen um herauszufinden, „Warum bin ich da?", „Was will ich wirklich?" und „Wie kann ich es erreichen?". Danach soll man einfach jeden Tag, jede Minute an seiner Bestimmung arbeiten, um diese auch zu verwirklichen.

Eine weitere wichtige Eigenschaft von großen Persönlichkeiten ist ständiges Lernen. Arnold Schwarzenegger, oder auch Bruce Lee und andere, haben ständig geschaut, was diejenigen machen, die in ihrem Gebiet besser sind. Weiter haben beide versucht auch von jeder ihrer Niederlagen etwas zu lernen. Obwohl Bruce Lee einer der besten Kampfsportler war, hat er sich nicht geschämt von Straßenkindern in China eine neue, für ihn unbekannte Technik zu erlernen. „Ein Heiliger kann auch von einem starrsinnigen Menschen lernen – umgekehrt ist dies nicht möglich."

Weiße Magie geht aber noch tiefer und beschäftigt sich mit Dingen wie: Karma, Chakren, Gottheiten. Karma ist das Prinzip von Aktion und Reaktion der spirituellen Ebene. Das Gesetz von Aktion und Reaktion besagt das jede Aktion (Kraft) gleichzeitig eine entsprechende Reaktion (Gegenkraft) erzeugt, die auf den Verursacher der Aktion zurückgeworfen wird. So ein Gesetz gilt nicht nur in der Physik, sondern auch im Allgemeinen. Wenn wir jemanden etwas geben, wird uns das Gleiche in einer anderen Zeit auch wiedergegeben werden. Ein Magier muss im Stande sein herauszufinden, warum „karmisch gesehen" gewisse Dinge bei jemandem aufgetreten sind. Zum Beispiel ist jemand möglicherweise mit einer gewissen Behinderung geboren, weil er vielleicht selbst in einem früheren Leben so eine Behinderung hervorgerufen hat.

Es gibt Gründe, warum es Menschen gibt, die nur wenige Stunden Schlaf brauchen und andere aber 10 Stunden schlafen und immer noch nicht ausgeschlafen sind; Albert Einstein kam, zum Beispiel, mit sehr wenig Schlaf aus. Warum brauchen wir eigentlich Schlaf? Mit solchen „verborgenen" und auf den ersten Blick nicht zu erkennenden Kräften beschäftigt sich die weiße Magie. Weiße Magie ist der Kontakt zu den ungenutzten Kräften in uns.

Der Altar und das Ritual in der weißen Magie

Der Altar ist der Platz, an dem du deine regelmäßigen Meditationen und Gebete hältst, der dein ganz persönlicher Kraftplatz ist. Gestalte ihn ganz nach deinem Geschmack. Ich empfehle immer eine weiße Kerze und ein Pentagramm im Kreis oder Kreuz zu haben. Buddha- oder Shiva Statuen sind immer gut. Der Altar, auf dem du deine magischen Rituale durchführst, wird mit der Zeit zu einem immer stärker magisch aufgeladenen Ort. Je häufiger du dort Magie machst, umso mehr gewinnt er und du an Kraft. Achte bei allen Duftstoffen darauf, reine Essenzen zu verwenden und keine synthetischen Stoffe. Weihrauch, Sandelholz und Räuchergefäß mit Kohle solltest du als Magier auch immer dabeihaben! Weiter ist es nützlich immer ein Ritualmesser und einen magischen Stab (Voodoo Zeiger) dabeizuhaben.

Diese benutzt du bei Anrufungen und Vertreibung von Gottheiten und Geistern, für das Ziehen des magischen Kreises und für den eigenen Schutz gegen astrale Unwesen.

Der Magier, der mit Analogien arbeitet, geht davon aus, dass sich Ähnlichkeiten anziehen. Die Realität besteht aus unseren materialisierten Gedanken. Mit gezieltem Willen kann man vieles schaffen, auch wenn es manchmal etwas Zeit braucht. Der Wille ist Gedankenkraft. Gedanken führen zur Tat. Die Tat führt zur Realität. Wer sein Bewusstsein verändert, verändert die Realität. Weiß magische Rituale sind symbolische Handlungen mit denen die Kräfte herbeigerufen werden, die für einen bestimmten Zweck benötigt werden. Das machst du auch im täglichen Leben, ohne es bis jetzt vielleicht so betrachtet zu haben.

Ich rate dem Adepten der weißen Magie davon ab, ohne Aufsicht eines Meisters die Gottheiten, Dämonen oder Geister anzurufen, da dies ohne Aufsicht sehr gefährlich sein kann. Wenn ein Schüler vorbereitet ist, wird der Meister allein kommen. Bis es so weit ist, schlage ich vor Gebete und Affirmationen auszusprechen und Engel anzurufen.

Hier empfehle ich: Bevor die Gottheiten und Geister ungefährlich angerufen werden können, sollte ein Adept nicht nur viel lesen, sondern auch angemessen viel meditieren.

Derjenige muss im Stande sein im gedankenlosen Zustand zu verweilen, wie auch zu erkennen, woher seine Gedanken und Gefühle kommen. Es gibt fünf absolut unterschiedliche Quellen, welche sich auch weiter unterteilen lassen:

1.Gott und seine Boten (Engel, Gurus) und unsere Seele. Dies ist eine absolut positive Quelle. Von dieser Quelle kommt Liebe, große Inspiration und auch Werke in Form von Büchern oder großen Kunstwerken. Von dieser Quelle schöpfen viele Künstler und Wissenschaftler, wie auch die, die für die anderen Menschen etwas Positives bewirken. Beispiele sind die Heilige Mutter Teresa, Albert Einstein, Leonardo Da Vinci und viele andere.

2.Unser Ego. Unsere falsche Vorstellung wer wir sind. Es ist die Vorstellung, dass wir nur dieser Körper, diese Gefühle und Gedanken sind. Diese aber schöpfen ihre Existenz von der Seele, die unsterblich ist. Diese Quelle speist uns sehr oft mit Ängsten und Stress.

3.Unsere Umgebung. Dazu gehört alles was wir gelesen haben, Radio, Freunde, Schule und Reklame. Diese Quelle kann genauso gut wie auch schlecht sein, je nachdem welche Freunde wir haben, was wir lesen, welche Programme wir im Fernsehen schauen.

4.Teufel, Luzifer, Kanduk und seine Boten. Diese Quelle kann uns mit plötzlicher, unbegründeter Depression, Panik, Missgunst, Besitzanspruch und Wut
belegen. Sie ist somit eine absolut negative Quelle

5.Weitere Geister, die positiv wie auch negativ sein können. Es existieren unzählige Mengen von Geistern, die ich hier nicht alle aufzählen kann und es auch nicht sollte. Es ist bei der Kommunikation zu erkennen, warum so ein Geist den Kontakt aufgenommen hat. Diese Wesen können gute wie auch schlechte Bewegungsgründe haben. Ganz so wie Menschen.

Erst wenn ein Adept erkennt, woher die Impulse kommen, die er im Inneren spürt, ist er für den wahren spirituellen Weg der weißen Magie vorbereitet. Weiße Magie ist kein Spiel, welches man einen Tag spielen mag und am anderen Tag nicht. Weiße Magie ist ein Werkzeug, wie Atomenergie. Es kann uns Licht schenken, das uns hilft, es kann zerstören, wenn es nicht richtig genutzt wird. Die Sagen über Atlantis sprechen darüber, wie einst eine Kultur zu Ende gegangen ist - durch die unberechtigten Experimente von schwarzen Magiern. Bei der weißen Magie ist es wichtig zu beachten, dass, obwohl man vieles lernen kann und auch soll, gewisse Fähigkeiten oder Kräfte von Gott verliehen werden, wenn derjenige dazu bereit ist, reif genug und reinen Herzens ist. So wurden zum Beispiel die Kräfte an Petrus verliehen: „Ich aber sage dir: Du bist Petrus und auf diesen Felsen werde ich meine Kirche bauen und die Mächte der Unterwelt werden sie nicht überwältigen. Ich werde dir die Schlüssel des Himmelreichs geben; was Du auf Erden binden wirst, das wird auch im Himmel gebunden sein und was Du auf Erden lösen wirst, das wird auch im Himmel gelöst sein."

Solche magischen Kräfte werden dann von Leben zu Leben stärker, wenn man diese richtig nutzt! Oder sie werden immer schwächer und schwächer, wenn jemand die weiße Magie und die magischen Kräfte ausnutzt.

Die Begriffe „Invokation" und „Evokation" in der weißen Magie

Invokation erlebt in diesen Zeiten eine Renaissance. Invokation bedeutet verschiedene Energien herbeizurufen und in den eigenen Körper einzuleiten. Ähnlich wie bei Zeremonien des Voodoo, indem verschiedene Geister in einen Menschen reingehen. Invitation kann auch ein einfaches Gebet sein, indem man versucht sich mit gewissen Kräften verbinden.

Evokation bedeutet die Kräfte herbeizurufen und zum Sehen und zum Sprechen zu bringen. Dafür benutzt man meistens einen magischen Zirkel und verschiedene Methoden, um sich zu schützen, wie Kerzen, Räucherungen, Mantren und Gebete. Außerhalb dieses Kreises wird sich ein Dämon oder Wesen sozusagen in Erscheinung bringen. Bei der Evokation fängt es ein wenig zu knistern an und man nimmt einen Nebel wahr, der sich bindet und im Nebel das Wesen erscheint. Invokation kann für den Anfänger ein bisschen leichter sein. Nur bei der

Evokation werden negative Wesen oder Dämonen gerufen, da es nicht ratsam ist diese zu evozieren, weil es dadurch zu einer Besetzung kommen kann und nur durch Exorzismus wieder rückgängig gemacht werden kann und meistens vom Betroffenen selbst nicht durchgeführt werden kann.

3 Methoden der Invokation-
Also dem Zustand, in dem man gewisse Kräfte in sich spürt:

1. Diese Methode ist für jedermann geeignet durch Konzentration, gewisse Kraft, Gebet zu gewissen Kräften, singen über gewisse Kräfte und Gottheiten, Geschenke machen,

2. Die zweite Methode ist ein bisschen schwieriger und mit magischen Techniken verbunden bei denen man sein Bewusstsein mit dem Bewusstsein des Wesens in Einklang, Harmonie und Resonanz bringt und sich durch starke Konzentration mit dem Wesen verbindet. Man hört in seinem Inneren diese andere Stimme.

3. Hier geht es darum, dass man durch verschiedene Zeremonien versucht die Wesen herbeizurufen und sich mit dieser Kraft verbindet. In Indien, zum Beispiel, zitiert man verschiedene Namen, wie den von Shiva, Krishna oder es werden in der Magie verschiedene Gebete gesprochen, um Kraft zu beziehen. Es werden Rituale

durchgeführt und dabei verschiedene Analogiegesetze nutzt, die bei der Invokation helfen.

Erfolge bei der Invokation hat man nur dann, wenn man dieses Gefühl von sich selbst und dem Ego verliert und sich mit der Kraft in der Art verbindet, die einer Besetzung gleich ist. Es ist ratsam, dass bei einer Invokation ein Magier zusätzlich zugegen ist und der weitere Gespräche mit dieser Kraft führt. Viele moderne Magier versuchen diese Kommunikation durch Astralreisen zu führen. Bei Astralreisen ist es so, dass der eigene energetische Körper in die Ebene reist in der sich der Genius, Dämon, Engel oder Kraft befindet und so kommuniziert. Die Schwierigkeit bei dieser Methode ist, dass es für Anfänger in Astralebenen viel Ablenkung gibt. Unser Unterbewusstsein spielt da immer eine Rolle.

Das bedeutet, wenn man sein Unterbewusstsein nicht genau kennt und Unterbewusstes sozusagen nicht bewusst macht, kommen bei Astralreisen alle Dinge zum Vorschein, die eben noch nicht bewusst gemacht wurden. Wenn jemand bei einer Invokation dabei ist, sollte man darauf achten, dass die Körperhaltung stimmig ist. Es gilt darauf zu achten, inwiefern sich das Verhalten der Person ändert, die sich mit einem Wesen verbindet. Um sich diesen Zustand zu erleichtern, ist es ratsam sich mit verschiedenen Atemtechniken vorab bekannt zu machen, zum Beispiel rhythmisches Atmen, bei dem mehr

Sauerstoff, zugleich aber auch mehr Energie aufgenommen wird, als dies normalerweise der Fall ist. Dadurch gelangt man leichter in Trance.

Die Evokation ist noch wesentlich schwieriger, da man ein Wesen in Erscheinung treten lassen will und dafür sehr viel mehr Energie aufgebracht werden muss. Deswegen referieren Magier eher zur Invokation. Evokation ist jedoch sehr wichtig für die Kommunikation und auch die Sicherheit des Magiers, da er sich nur durch gute Kenntnis dieser Technik sicher fühlen kann.

Bei der Evokation sind bestimmte Schritte unabdingbar. Am Anfang muss alles vorbereitet werden, je nachdem welche Wesen man herbeirufen möchte. Dann fängt man mit verschiedenen Gebeten, oder beim Rufen von dämonischen Wesen, das Rezitieren von gewissen göttlichen Namen an. Vor allem aber ist Konzentration wichtig, die es erleichtert, dass Wesen sich materialisieren. Wenn das Wesen da ist muss man mit ihm kommunizieren und die eigenen Wünsche oder Anliegen vortragen. Meistens nennt das Wesen dann den Preis, den es dafür verlangt. Am Ende ist es wichtig sich zu bedanken und sich von dem Wesen zu verabschieden, es dann in die Sphäre zurückzubringen, aus der es gekommen ist. Evokation wird immer im magischen Kreis ausgeführt. Ohne magischen Kreis oder andere Schutztechniken geht es nicht!

Kapitel 7

LITERATUREMPFEHLUNGEN

Zum Thema Meditation:

Shunryu Suzuki: Zen-Geist, Anfänger-Geist: Unterweisungen in Zen-Meditation Steve Hagen: Meditation beginnt jetzt genau hier! Windpferd, Oberstdorf 2010 Ulrich Ott: Meditation für Skeptiker. Ein Neurowissenschaftler erklärt den Weg zum Selbst. O. W. Barth, Frankfurt 2010 Yoga und Sex von Elisabeth Haich!

Zum Thema Zirbeldrüse:

Ezoosmos (in English)
Das ist ein faszinierendes Buch voller Humor und Abenteuer der Hauptdarsteller.
Die beeindruckenden Informationen über die Welt, über die Geheimnisse der Zeit, über das Phänomen der Teleportation beinhaltet. Außerdem berichtet das Buch über die verborgene Seite des Lebens der Gesellschaft, über diejenigen, die öfters eine wahre Ursache vieler Unfälle, Suizide, langwieriger „grundloser" Krankheiten der Menschen, der plötzlichen Depressionen sind. Der Hauptdarsteller - Sensei, öffnet die einzigartigen Informationen über die wahre Struktur dieser Kräfte, über die Gründe

derartigen Verhaltens, über die Methoden ihrer Einwirkung. Er erzählt auch über mutige, hochgeistliche Menschen (Geliare), die in der Vergangenheit dieser «Teufelei» widerstanden.

Birds and a Stone (in English)

Drei Erzählungen „Der Dienst", «Alles ist so einfach" und „Vögel und Stein" sind durch die sagenhafte Persönlichkeit von Sensei verbunden.

„Der Dienst" erzählt von einem ungewöhnlichen Tag von Major Rebrov. Während des schicksalhaften Dienstes, im Moment der Todesgefahr, erlebte er plötzlich ein Phänomen, das dieser Welt wesensfremd ist. Dank dem war Major Rebrov nicht nur in der Lage, das Leben der Menschen zu retten, sondern auch aus dieser Situation herauszukommen. Von diesem Moment an sah er die Welt mit anderen Augen ...

«Alles ist so einfach» - Eine Erzählung über einen alten Mann, der am Ufer des Flusses angelte, zu dem sich ein ungewöhnlicher Angler-Nachbar - ein junger Mann dazu gesellte. Im Gespräch kommen viele Momente auf, die jeden Menschen im Alter betreffen werden. Unter anderem wird eine tiefsinnige altertümliche Parabel erzählt.

«Vögel und Stein" ist eine spektakuläre, eindrucksvolle Erzählung. Es handelt sich um ein ungewöhnliches Treffen der Hauptdarsteller Sensei mit Max, der einst eine lange Zeit neben Sensei verbrachte.

Zum Thema „Weiße Magie"

Esther und Jerry Hicks — The Law of Attraction Geld:
Das kosmische Gesetz von Wohlstand und
Erfolg
Neale Donald Walsch - Gespräche mit Gott Band 1
und Glücklicher als Gott
Rhonda Byrne - The Power

Shunryu Suzuki: Zen-Geist, Anfänger-Geist

Elisabeth Haich – Einweihung
Jozef Vesely - Magie (alle Teile (22 Stück))
AllatRa - Anastasia Novych
Patrick Dunn - Postmodern Magic: The Art of Magic
in the Information Age
Liber Null. Psychonautik - Peter J Carroll
Eckhart Tolle - JETZT! Die Kraft der Gegenwart: Ein
Leitfaden zum spirituellen Erwachen
Papa Nemo - Der Weg des Voodoo - Von den
Grundlagen zur Praxis
ANSHA - Weiße Magie - Das große Praxisbuch;
Magie der Seele
Der Weg zum wahren Adepten - Franz Bardon Die
Praxis der magischen Evokation - Franz Bardon
Auf der Suche nach Meister Arion - Johannes von

Hohenstätten *Zum Thema Liebe:*

Vollendung in Liebe, Don Miguel Ruiz.

Männer sind anders. Frauen auch. Männer sind vom Mars. Frauen von der Venus, von John Gray.

Glücklicher als Gott, von Neale Donald Walsch.

Pavol Malenky: „Das Tagebuch des Magiers

NACHWORT

Wir sind nun am Ende dieses Buches angekommen und ich danke dir, dass du diesen Weg bis zum Schluss an meiner Seite warst. Meine Intention, dieses Buch zu schreiben, war, eine Einladung auszusprechen. Eine Einladung an dich, und jeden Leser, sich mit dem Innersten seiner Selbst zu beschäftigen. Nicht mehr und nicht weniger. Beim Schreiben dieses Buches bin ich selbst nochmal tief in meine Vergangenheit gereist und ich habe mich in einer so radikalen Art sichtbar gemacht, meine innersten Erfahrungen, Schmerzen, Ängste, aber auch meine Glückseligkeit so offengelegt, um meinen Lesern die Möglichkeit zu geben, sich zu erkennen. Zu erkennen, dass sie nicht allein sind mit ihren Geschichten und ihren Erfahrungen. Für die eigene Entwicklung ist es unerlässlich schonungslos, und doch liebevoll, hinzusehen. Zu sehen, was dich zu dem Menschen gemacht hat, der du jetzt bist, mit den Erfahrungen, die du nun erlebst – gleichzeitig ermächtigt dich dies aber auch deine Zukunft selbst zu gestalten. Erst wenn wir unsere Wurzeln kennen und anerkennen, können wir den nächsten Schritt gehen und in den Himmel wachsen. Wie die Lotusblüte, die im tiefsten Schlamm ihre strahlende Schönheit findet.

Wir leben gerade in einer Zeit, in der der äußere Schein zu einem hohen Gut erhoben wurde. Dies führt dazu, dass wir uns zuerst uns selbst, und dann allen anderen entfremden. Entfremdung führt zu Egoismus, Gier und im letzten Schritt zur Zerstörung unserer Mutter Natur und damit uns selbst. Hier gilt es nun innezuhalten und bewusst zurück zu gehen, in sich zu gehen und den inneren Kompass neu zu kalibrieren. Dies liegt in unserer Macht. So lasst uns weiter Richtung Liebe gehen!

Eure Marion